#Nuevo

última línea
de ensayo

Gilberto Blanco

#Nuevo
¡Mucho por explorar!

última línea

Primera edición, septiembre de 2024

© Última línea, S.L., 2024
  Juan Cortés Cortés, 3
  29010 Málaga
  www.ultimalinea.es
  editorial@ultimalinea.es

 www.facebook.com/EditorialUltimaLinea

 @EdUltimaLinea

ISBN: 978-84-18492-71-6
Depósito legal: MA 2379-2024
THEMA: VS

Impreso en España — Unión Europea

AGRADECIMIENTOS

Nada sería posible sin la colaboración de otro en nuestra vida, de manera directa o indirecta la influencia está presente en cada aspecto de nuestra vida, en cada obra creada, en cada invento o proyecto nadie ha marchado solo. De alguna manera robamos (por así decirlo) la experiencia, la motivación, el tiempo de otras personas.

A nuestros amigos y familia, algunos de ellos son ambos, quienes comparten la emoción de cada paso, que nos empujan a salir adelante, y que con sus cuidados nos hacen sentir un cariño inexplicable, más allá del concepto vago que tenemos de la amistad.

A Jez, Jeriel y Jetssy, mis grandiosos hijos, de quienes tomé muchas veces de su tiempo. Me han dado la experiencia de ver la vida de otra manera, que aun cuando han crecido ven en mi un superhéroe cuando simplemente soy su papá. Creo que ustedes se verán reflejados en cada línea escrita.

ÍNDICE

A mi Gio, que no solamente es la coautora de este libro, eres la coautora de mi vida, aquella que me conoce desde mi niñez y aceptaste ser mi esposa, eso fue suficiente para agradecerte toda mi vida. Cada día sigues haciendo crecer mi deuda a tu lado, crees en cada proyecto superando las barreras de las capacidades, he dado pasos firmes gracias a tu Fe visible. Te amo.

Al creador de mi vida, a El Alto, al que me ha acompañado en cada paso, quien me abordó desde temprana edad robando mi corazón y mis pensamientos. Aquel que ha hecho que la vida sea más que emocionante, no quiero parar de seguir explorando tu ser y conocerte más.

INTRODUCCIÓN

Vivir no es solamente un hecho biológico, vivir es un arte. El arte requiere de toques especiales, de cualidades especiales, depende de la pasión del artista, del despliegue de sus talentos, y lo mejor de todo es que el artista de nuestra vida somos nosotros mismos. Nosotros definimos la belleza de nuestra vida, o el trágico trabajo de un artista indolente. Muchos podrán decir: «¡Dios es el artista que forma mi vida!» pero realmente no, Dios creó al artista, que eres tú, y te regaló la vida, la que ahora tienes, te equipó de talentos, con capacidades ilimitadas de reproducirlos. Puedes ayudarte de los consejos de Dios principalmente porque Él es el responsable de tu diseño, también puedes apoyarte en otros para moldear tu vida, pero es tu propia vida la que está en tus manos.

Aun así, todos anhelamos sentirnos felices, bien que tu concepto de la felicidad, sea un estado, una decisión, un sentimiento... no importa, todos deseamos experimentarla de continuo en nuestra vida. Si quisiéramos hacer un catálogo de cosas por hacer para poder moldear nuestra vida de tal forma que, como resultado, obtuviéramos experimentar felicidad, sería tan complicado como una ecuación con miles de variables que nos lleven a definir acciones que den como resultado la plenitud. Podemos entender que entre esas variables hay diferentes definiciones de satisfacción en cada cultura, raza, nación, región... diferentes tipos de pensamientos y de paradigmas, lo que para una cultura es el alcance pleno, para la otra puede ser motivo de vergüenza. Pensemos por un momento esto; lo que muchas veces define a una cultura, raza, nación, pensamiento o credo, son conceptos. Esas ideas que existen son las que definen la supuesta satisfacción del ser humano, exactamente es lo que pone un límite a cada individuo. Hoy existen prácticas como la religión (me refiero a una institución, no a una relación con Dios), pensamientos filosóficos, leyes sociales, normas familiares, o hasta los modelos económicos en los que vivimos, todas estas forman parte de una esfera, un sistema el cual adoptamos como hábitat, pensamos que las cosas tienen que ser así, porque así son, simplemente creemos que así deben de ser, sin más cuestiones o razones, pero permíteme explicarlo a través de esta analogía de la vida:

Nosotros llegamos a esta vida como una persona puesta en medio de la nada, pongámosle nombre para poder personalizarlo, esta persona se llama el Sr. Juan, el cual está viviendo en medio de un gran valle. A su alrededor él puede observar, montañas, una variedad de flora y fauna, a lo lejos ríos y árboles, etc., imagina el paisaje que tu prefieras. Él se encuentra satisfecho con su vida, ha formulado alcances y metas y desarrollado un estilo de vida propio de su entorno. En un día común llega alguien a visitarlo, una persona la cual habla de su experiencia; este lo empieza a motivar contándole de donde viene él, argumenta que proviene de un lugar más bello que el donde actualmente Juan está viviendo, en donde se reside con mejores beneficios. Juan, entusiasmado, toma la decisión de emprender la marcha hacia ese lugar, él puede tomar la decisión de caminar a través del río, a través de las montañas, de pequeñas sendas, etc., ha ideado un plan para llegar hasta allí estas ideas le dan la capacidad de aumentar la creatividad de trasportase, de vivir y de sobrevivir. Pero llega otra persona y le habla acerca de un camino, explicándole que «el camino» puede ser una herramienta útil, le va a dar velocidad y definición de la trayectoria, mejor comodidad a sus pies...a el Sr. Juan le parece buena la idea. Él toma el camino sugerido, pero mientras va avanzando , este se empieza a definir por pequeños bloques de 30 cm. de altura, esto a Juan le da mayor seguridad, ya que es menos difícil perder el camino, pero mientras va avanzando los bloques se van apilando cada vez más alto hasta que le hace perder la vista de tan impresionantes paisajes. Pronto se encuentra sumergido en un túnel en donde solo le queda caminar para llegar a conocer un único destino, a través de este recorrido pierde la capacidad de escalar, subir montañas, mojarse en el río, conocer la flora y la fauna ... no sabe con qué velocidad avanza, pues los puntos de comparación han desaparecido, y lo más importante, perdió la oportunidad de conocer más lugares que quizás sean más hermosos que el destino ofrecido.

Esto es solo una alegoría para poder explicar nuestras formas de vivir, no significa que no debamos escuchar consejo y mucho menos que no debamos usar los caminos, lo que queremos expresar es que a veces la vida tiene tal definición que somos incapaces de descubrir y de sorprendernos la creatividad tiende a desaparecer, nos convertimos en máquinas de vivir, con metas sin sentido personal, vivimos las metas de otros, soñamos con los sueños de otros. ¿Por qué? porque estamos caminando sobre una línea, una trayectoria definida, es excelente la filosofía, las herramientas de vida, pero como comentamos al inicio, las variables son en millones de posibilidades. Yo tengo tres hijos, tan solo tres hijos, y tengo que tratarlos tan diferente, están criados en el mismo hogar, nacieron del mismo papá y mamá, la educación que han recibido es la misma, pero aun así cada uno de ellos tiene su propia definición de plenitud. Hay algo que tenemos que tomar muy en cuenta, no podemos hacer felices a nadie si no somos felices con nosotros mismos. Te recuerdo que tú eres el artista de tu propia vida, por lo que no debes de copiar la escultura hecha por el vecino, o por tu amigo, o la de papá o la de mamá, no eres una copia, eres un ser diferente, ninguno igual a ti, no eres el nuevo modelo, si no que *eres el modelo, el único*. Ten en cuenta que naciste en un mundo donde los patrones se repiten día a día, existe un solo patrón que no se repitió, ese es cuando naciste tú. Si quieres darle un verdadero sentido a tu vida, hay algo nuevo que descubrir, no solo está en tu entorno, lo más interesante por descubrir está en lo que Dios depositó en ti.

1. Mucho por explorar...

Te sugiero la posibilidad de considerar un reto, invitar a un compañero, a una exploración más profunda del libro, una aventura de lectura en conjunto, o aún mejor, un club de lectura; ya sea con amigos o todavía más impresionante, con tu familia, en casa, donde todo inicia. Esta expedición genera intercambios de ideas, flujos de pensamientos que nunca habías escuchado, permite experimentar la individualidad, y el hábito de la lectura. Donde juntos pueden enriquecer e impulsarse a alcanzar nuevos niveles para descubrir algo más. Durante este trayecto estaremos acentuando lo siguiente:

«La experiencia de lo nuevo comienza por crearlo en ti mismo y darlo a conocer a tu entorno.» Alguien más.

«Para saber en quien te quieres convertir no piensen en lo que quieres adquirir, sino en lo que quieres aportar.»

«Lo que adquieres define tus gustos, pero lo que aportas define quién eres.»

Te invito a explorar internamente, un turismo interno que provoca la hazaña de percibir nuevas formas de conocer, entender y ordenar tu interior, todo es cuestión de explorar...

Puedes hacer tus comentarios en nuestra página web www.gilygio.com adjunto encontraras herramientas, ayudas e ideas para tu exploración personal o con otros. Contribuye a llevar esta práctica más allá de lo cotidiano, para que sea esto más que un libro, una dinámica que promueva nuevas experiencias.

¡Algo nuevo esta por suceder...!en tu mano está el evitar, frenar o modular lo que nuestra genética y la edad han pensado que era para ti.

I

EL CAMINO DE LAS EXPERIENCIAS

Una misma experiencia puede ser tomada de forma distinta por cada individuo debido a que están involucrados sus sentimientos, sus convicciones, sus sueños, su moral y varios aspectos más. Esto desbordará en una sensación especial que la persona experimentará dependiendo de la perspectiva en la que vivió diferentes tipos de experiencia. Curiosamente las sensaciones que tenemos en nuestro diario vivir forman parte de la definición que nosotros hagamos acerca de nuestra felicidad. Es decir, si nosotros experimentamos en gran manera sensaciones agradables y sorprendentes, de alguna forma expresamos que nos sentimos felices.

Pero, por otro lado, si tienes experiencias que desencadenan sensaciones no muy agradables, también de alguna manera expresamos que no somos felices, que no estamos contentos o satisfechos con nuestra vida. Todo es sobre la base de las sensaciones que desencadenan lo que experimentamos.

Es importante resaltar que no es la experiencia la que da la sensación, sino la combinación de la experiencia con la de la esencia de la persona. Por ejemplo, pueden ir dos personas caminando por el campo y en el trayecto se encuentran una serpiente; una de ellas correrá y tal vez la otra se quedará a admirar el animal. Una de ellas quizá llegó al punto de experimentar un miedo tal que creyó en la posibilidad de morir, más la otra pudo haber expresado que vivió una oportunidad única. Es una misma experiencia que desató dos sensaciones muy distintas, ya que están sujetas a lo que somos y a lo que hemos experimentado en el pasado.

Durante nuestra vida tomamos decisiones; estas, las que nos llevarán a una acción, las basaremos sobre nuestras experiencias, o bien también tomamos decisiones basadas en reacción. Sí, unas veces decidirás en base a lo más conveniente (razonamiento) y otras a lo que estás sintiendo: enojo, alegría, o cualquier otro sentimiento (reacción) y en la toma de decisiones está nuestro destino, los alcances, los fracasos y muchas cosas de las que vivimos dependen de nuestras decisiones. Es esta la importancia de las experiencias, esta es la cadena experiencia-decisión-destino. Es por eso la importancia que debemos a cómo sentimos, porque la mayor parte de nuestras decisiones están sujetas a emociones.

Muy pocas ocasiones, o muy pocas personas, toman la mayor parte de sus decisiones basadas en razonamientos. Los sentimientos son un intruso que siempre estarán en nuestras experiencias. Sentirte bien en todo momento hará que tus experiencias siempre sean gratas. Si permitimos de alguna manera que las malas actitudes imperen en nuestra vida (negatividad, miedo, enojo, amargura, insatisfacción u otras) entonces formaremos de nuestra vida cúmulos de malas experiencias, mientras que otros viven exactamente la misma circunstancia adquiriendo de ellas buenas experiencias, tan solo por vivir en la actitud correcta. Es sencillo. Es como mirar por dos ventanas diferentes apuntando hacia un mismo paisaje, solo que una está rayada, sucia y pañosa y la otra clara, limpia y transparente.

No cabe duda de que la actitud se debe en gran parte a la influencia de nuestro entorno, pero el entorno es una influencia y no una imposición. o que existe alrededor de nosotros diariamente te está vendiendo una idea de cómo vivir, de cómo formar estilos de viday de maneras de comportarnos, pero será bajo nuestra propia decisión mantener nuestra esencia ante ciertas influencias, principalmente aquellas que estén de moda. Curiosamente, siempre deseamos ser diferentes y nos molesta que nos comparen con otras personas, cuando en esencia somos totalmente diferentes a cada una de las personas en el mundo. Pero, eso bello de nosotros esa parte valiosa es la que permitimos opacarla y la malbaratamos por un poco de aceptación, y al perder nuestra esencia desvirtuamos la forma en que sentimos; desvirtuamos la forma en que adquirimos las experiencias y terminamos muy fuera de nuestro destino. La mejor forma de formar experiencias es siendo tú mismo, porque adquirirás la experiencia en base a tu propio sentir sin importar que otro tenga otra percepción. No es malo sentir diferente o catalogar una misma circunstancia de manera diferente; lo único malo es que dejemos de ser nosotros mismos.

1. Experiencias gratas

¿Quién no ha estado en una tarde de café con los amigos o en una reunión familiar y ha contado alguna historia que nos ha hecho reír hasta llorar? No falta quien pide que lo cuenten de nuevo o sobre aquellas experiencias que han dejado una satisfacción que en cierto momento son punto de apoyo para dar un consejo. Este tipo de experiencias dan un grado de seguridad a la persona que mantiene la autoestima en equilibrio.

Curiosamente este tipo de experiencias tienen que estarse repitiendo en el ser humano, porque no es lo mismo recordar a experimentar.; Es decir, puedes tener experiencias gratas y también recordarlas, pero no puedes vivir sin seguirlas experimentando. En el caso de una experiencia grata que desencadene en risa, no puedes vivir recordando que alguna vez te reíste, porque la risa tiene su efecto en el organismo. Tu cerebro, al reír, generó endorfinas (neurotransmisor segregado por la glándula pituitaria del cerebro que tienen un efecto de tipo opiáceo similar a la morfina), también se reducen los niveles de cortisol (hormona relacionada con el estrés), sin mencionar los movimientos de músculos, pulmones, la oxigenación cerebral... Es decir, nuestro cuerpo y su bienestar están directamente relacionados con este tipo de experiencias. Por eso buscamos divertirnos; por eso viajamos, conocemos, nos relacionamos en busca de endorfinas que inunden nuestra vida.

Esto es la relación que existe entre el alma y el cuerpo; las sensaciones que percibe el alma van directamente a la bioquímica del cuerpo; la forma en que tu cuerpo envejece, tu metabolismo , las defensas que generas , todo ello está fuertemente encadenado a las experiencias que vives diariamente. Por el contrario, tienen muy poca relación con los recuerdos. El cuerpo siempre está reflejando las sensaciones del alma. Cuando el cuerpo experimenta el alma se recrea; cuando el cuerpo vive de recuerdos el alma empieza a envejecer. Estamos diseñados para experimentar, para descubrir. Desde el nacimiento del bebé, mientras crece también van creciendo y sumando sus habilidades cognitivas, él quiere experimentar y descubrir, reír, sorprenderse...su vida es toda una aventura. ¿Acaso no dijo Jesús que debíamos de ser como niños? Un niño es inmaduro en muchos aspectos a causa de la falta de experiencias. Su inmadurez no lo hace apto para algunas cuestiones de la vida, pero tú, que ya tienes un grado de madurez, ¿no crees que sería una combinación asombrosa lo que has vivido y también el seguir adoptando la necesidad de descubrir algo *nuevo*?

2. Experiencias no gratas

Hay experiencias que no son muy gratas, éstas son fácilmente recordadas. La mayoría de nosotros registramos en nuestra memoria las experiencias no gratas como archivos en la primera línea de ponderación de nuestros pensamientos. también algunas de ellas son tan fuertes que quisiéramos que se borraran de nuestra memoria tal como se borra un archivo en un ordenador, pues cambian la percepción de nuestro alrededor. Pueden ser tan fuertes que en cierto momento puede alterar tanto nuestra esencia que se desencadenen una serie de situaciones fuera de lo que originalmente somos, causan deformidades en nuestro carácter, dejando secuelas que muchas veces no entendemos, comportamientos que causan confusión, porque, como ya lo mencionamos, no son lo que realmente somos o queremos ser; enojos, sentimientos de dolor o cualquier tipo de reacción que ni siquiera nosotros mismos logramos entender por qué tomaron el control de cierta situación que estamos viviendo.

Muchas de estas experiencias nos encierran en la cárcel del temor: un pequeño espacio de vida con sus límites bien definidos. Esta es la única cárcel en la que el preso pone su propio candado. Cuenta con una pequeña reja para convivir; eso sí, los barrotes de la desconfianza son gruesos y resistentes, también tiene fuertes paredes de insatisfacción y una pequeña ventana de esperanza hacia el exterior, para observar la libertad de otros. Sí, es verdad, allí nadie te puede dañar de nuevo, pero la mayoría de los presos aprenden a autoflagelarse. La mayoría de nosotros no entendemos que lo que nos daña no está fuera de esa cárcel, sino dentro de ella. Nos limitamos a vivir en un espacio de mundo tan pequeño. Permíteme darte unos ejemplos. El trabajo puede convertirse en ese espacio; esa puede ser tu cárcel, los hijos, el cónyuge, los cuidados estéticos, el estudio...por mencionar algunos. Cada uno de estos son necesarios, buenos y disfrutables, pero de ellos podemos crear fuertes cárceles que imperen en nuestra vida, consumiéndola como cánceres malignos en nuestra persona y en los que nos rodean, hasta el punto de deformar nuestra personalidad. Pero hay algo que me gustaría resaltar de todo esto, y creo que es lo más importante: es que este tipo de experiencias no gratas tienen la increíble habilidad (si así tú lo decides) de quitarnos la capacidad de descubrir.

3. La experiencia de descubrir

La mayoría de nosotros nos movemos en pequeños espacios que nosotros conocemos y dominamos. ¿Cuántos de nosotros hemos estado en una fiesta o en algún evento en donde se sugiere participar en algún tipo de deporte o hacer alguna otra actividad?

Rápidamente alguien sugiere participar en su área dominante, lo que permitirá resaltar o sobresalir sin arriesgar que en algún momento haga el ridículo. Si bien en cierta etapa de la vida es bueno para reforzar la autoestima, no es bueno para multiplicar nuestros talentos, o bien para descubrir algo mucho mayor de lo que actualmente somos. Pero en sí, tenemos la tendencia de estacionarnos sobre nuestras seguridades.

Seguro has oído el dicho «más vale malo conocido que bueno por conocer» (mi madre lo repite muy a menudo). La seguridad de lo conocido siempre ha sido la prisión de grandes mentes y grandes talentos que se quedaron en el anonimato, debido a que su área de influencia se quedó en el nivel de su conocimiento y dominio a pesar de tener la capacidad de conocer más y descubrir más. En sí, el temor de salir a lo desconocido es la incertidumbre de lo que no hemos experimentado. Piénsalo, en algún punto de nuestra vida obtenemos ese miedo, muchas veces surge de los miedos de nuestros padres, de algún comentario aislado que en cierta etapa de madurez tuvo tal credibilidad que se hizo parte de nuestra conducta y de nuestros pensamientos, cualquier comentario que alguien hace con capacidad de influencia en nuestra vida con el fin de manipular.

Permíteme que lo analicemos de una forma sencilla. Seguramente has oído hablar del «coco», sí, ese que si no te duermes va a venir a comerte. Nadie piensa en hacer daño a la mente de un niño con esta canción o cuento, solamente quiere crear un área de manipulación para poder dormir al niño. Lo entendemos desde el punto de vista del padre, un día largo y tedioso, los ojos pesan de sueño y el niño no quiere irse a la cama, entonces «el coco» es una herramienta de manipulación (aunque pensándolo bien, si el niño no conoce el concepto del «coco», podría dormir más tranquilo), pero preferimos «asustarlo» con tal de irnos a descansar.

Aunque esto es solo un pequeño ejemplo para entender que nacimos sin miedos, y como un concepto es creado en nosotros generando un temor. No es que los padres seamos malos, pero a veces soltamos palabras o comentarios a la ligera sin comprender a cabalidad el nivel de influencia que tenemos sobre nuestros hijos. No entendemos que el nivel de autoridad sobre nuestros hijos en cierta etapa hace que nuestras palabras tengan un peso tan trascendental que lo acompañará toda su vida, y lo más probable es que lo reproduzca sobre sus generaciones. Y no solo de nuestros padres, también alguien con alto nivel de influencia sobre nuestra vida, al que le tenemos cierta o mucha admiración, alguien modifica nuestro raciocinio afectando el alma y poniéndole un limitante. La mayoría de nuestros temores, de nuestras inseguridades, están basados en palabras que creímos de otra persona, que bien las pudo decir a la ligera, sin pensar en ello, o bien por que tuvo su propia buena o mala experiencia, pero era su experiencia, no la nuestra. Las percepciones son tan diferentes en cada uno de nosotros que algunas son necesarias experimentarlas por uno mismo, y una vez que se han incorporado a nosotros, no tratar de imponerla como ley en otros; como muchos conceptos que hoy tenemos y forman parte de nuestra dinámica de vida.

En resumen, la influencia de otros pudo haber puesto límites a las oportunidades de descubrir. Pero permítame seguir tomando de ejemplo a los bebés, ahora en su trayecto de aprender a caminar, observemos con atención la conducta de un niño antes de llegar a este tipo de influencia limitante. En primera etapa aprende a gatear, a veces sus brazos no son tan fuertes o hábiles que pueden golpear su cara contra la superficie; su vista está limitada a unos cuantos centímetros del piso en un área pequeña; llora, sufre y a veces hasta sangra, ¿pero acaso no lo vuelve a intentar? Sus límites no dan razón al temor, una y otra vez insiste hasta que lo ha logrado. Lo que antes lo limitaba se ha convertido en una fortaleza. Esto lo hace descubrir un segundo nivel, que sus piernas tienen otra habilidad: lo pueden poner recto, lo pueden poner de pie y esto le permite una visión más alta que cuando gatea. La visión ahora se ha ampliado, pero gateando se puede trasportar. Pero él se pregunta a sí mismo: «estoy parado ahora, como papá y mamá. Ellos pueden trasportarse de pie. Sería maravilloso poder trasportarme sin solamente mirar el suelo. Podría dirigirme sin perder de vista hacia dónde quiero dirigirme, sí, lo haré, seré como papá y mamá». Tropezones, golpes de cabeza que retumban en el suelo, llantos fuertes en los que pierde el aire, hinchazón, moretones.

¿Qué hace a un niño no limitarse? ¿Qué lo impulsa a intentarlo otra vez? Piénsalo. Al nivel de bebé un golpe en la cabeza sería el equivalente a una persona joven o adulta de sufrir una burla, una decepción amorosa, la traición de un amigo y muchas otras cosas más que nos hacen detenernos. Pero para nosotros, como adultos, volverlo a intentar es un asunto donde decidimos detenernos. El miedo al dolor se hace más grande que nuestros anhelos, crece más que nuestros sueños o, puede ser tal el dolor, que inunda nuestras expectativas de vida. Nos estacionamos en un punto que nos permite cuidarnos de los que nos haga daño, que nos permita defendernos del dolor.

Piénsalo de esta manera: ¿cuál es el motor del niño que lo impulsa a tomar nuevos riesgos, nuevos golpes y heridas? Ese motor se llama descubrir, descubrir que sus brazos podían tomar fuerza para darle la habilidad de gatear, descubrir que sus piernas le podían dar la habilidad de caminar...Esas habilidades le dieron paso a más capacidades de descubrir; le dieron mayor visión, le dieron mayor campo de acción, y es así exactamente la vida: un paso nos lleva a otro, nunca dejamos de crecer, nunca dejamos de ampliar nuestras habilidades y nuestras capacidades, hasta el punto en que tomamos la decisión de dejar de hacerlo.

Una de las razones es el temor al dolor, a los golpes y heridas, pero para un niño la satisfacción de descubrir es mucho mayor que cualquier riesgo. Creo que hemos olvidado ese tipo de satisfacción. En un punto de nuestra vida lo dejamos atrás. Es momento de recopilar y de empezar de nuevo, ese espíritu de niño dispuesto a arriesgarse con tal de sentir la maravillosa sensación de añadir algo nuevo a nuestra vida, algo asombroso que (permítemelo decirlo de esta manera) descubrimos al descubrir la inmensa satisfacción que provocará en ti.

Ahora bien, no solo el temor es uno de los aspectos que nos impiden descubrir, también puede ser pereza. Aprender nuevas cosas y desarrollar nuevas habilidades no es una cosa sencilla, requiere de disciplina y esfuerzo y, sobre todo, riesgo, y este es un punto muy importante, porque muchos de nosotros podemos disfrazar de temor nuestra pereza. El indolente comúnmente encuentra una armadura de protección que lo proteja de la acción. La Biblia lo describe de esta manera:

> El perezoso pone como pretexto que en la calle hay leones que se lo quieren comer. ¿En qué se parece el perezoso a la puerta? ¡En que los dos se mueven, pero ninguno avanza!
>
> [Proverbios 26:13-14]

Cualquier pretexto será bueno para el perezoso: cansancio, enfermedad, miedo, falta de conocimiento, «lo he intentado y nunca he podido»... En muchos tipos de cultura está inmersa la carátula del temor cuando en realidad es pereza. Creo que la pereza es aún más tóxica que el temor debido a que este es una imposibilidad que se puede vencer con una decisión, pero la pereza es una decisión que ya se ha convertido en hábito, pero como la pereza no es bien vista y no es deseable, entonces aprendemos a disfrazarla de temor. La pregunta es: ¿cuál es tu limitante para descubrir? Si en realidad es temor, no te preocupes, recuerda al niño es sus etapas desde aprender a gatear hasta caminar, crecieron sus capacidades, su visión y su forma de ver la vida. ¿Golpes y dolor? Sí, pero al final es más doloroso y vergonzoso ver a un adulto gateando para transportarse que un adulto con una cicatriz en la cara de cuando aprendía a caminar. Pero si la pereza es tu limitante, solo déjame aclararte que la pereza es un animal voraz, insaciable, que acabará con todo lo que tengas a tu alrededor, amigos, familia y bienes. Y cuando ya no tenga más para comer, te devorará a ti mismo: devora tus capacidades y tus anhelos, tus sueños, y termina con tu esencia original. La pereza se vence con disciplina, y la disciplina es: someter tus deseos al deber.

Definitivamente estamos diseñados para descubrir. No nacimos para lo cotidiano, para vivir anclados a un ciclo de vida, constantemente buscamos niveles que escalar. Desde la concepción, el experimentar los latidos de mamá, el empujar sobre el vientre para sentir lo que hay en el exterior, el bebé está lleno de asombro en cada descubrimiento. El niño descubre cómo hacer reír con «payasadas» a sus padres, el adolescente descubre nuevas y grandiosas habilidades tanto físicas como mentales. El descubrir es parte de nuestra esencia de vida. No son las arrugas las que definen nuestro envejecimiento, sino renunciar a la posibilidad de que hay algo más por descubrir. Míralo de esta forma. los jóvenes hablan de retos, los adultos mayores hablan solo de recuerdos. No hagas de tu edad, de tu formación, de tus limitantes, el «león que te quiere comer», que nada te impida descubrir algo asombroso que dé vida a tu existencia. Sí, así es, déjame lo repito: vida a tu existencia. Hay muchos que existen solo para esperar a que el sol salga con el anhelo de que llegue la puesta del sol para ir a descansar. No, vivir es descubrir, experimentar, golpearse, llorar, a veces sufrir, pero no hay nada más placentero que lograr, alcanzar y subir de nivel. No renuncies, siempre hay algo nuevo, no somos llamados a existir, sino a vivir, y no solo a vivir, sino a vivir en abundancia, abundancia de amor, lo que generará abundancia de sueños, lo que provocará abundancia de proyectos y alcances. Abundancia es más de lo que necesitamos, de esta forma estaremos creando otra capacidad. Una de las capacidades más satisfactorias es la de compartir, es decir, para llegar a este punto tendrás que pasar por la etapa de descubrir, vencer el dolor o la pereza, para llegar a alcanzar, para luego obtener más de lo necesario, y ya en esa posición obtener la capacidad de compartir. Los grandes descubrimientos, como tu *smartphone*, llevaron este proceso: alguien descubrió, venció las críticas, obtuvo resultados y ahora compartió esos resultados con todo el mundo. Quizás haya en ti algo que puedas compartir al mundo.

«No son las arrugas las que definen nuestro envejecimiento, sino renunciar a la posibilidad de que hay algo más por descubrir.»

Reserva unos minutos para meditar...

La experiencia te conduce a una decisión la cual te lleva a tu destino, esta es la importancia de reconocer entre las experiencias gratas y no gratas.

Analiza y describe:

3 experiencias gratas.

3 experiencias no gratas.

¿Qué resultado provocó la cadena de experiencia-decisión-destino?

II

ENTORNO

1. La cara del alma

¿Has visto el rostro de la gente en situaciones diferentes? Por ejemplo, la cara de los jóvenes al entrar al examen de admisión para la universidad: sonrisas nerviosas, sudor en las manos, miradas con ojos resaltados mostrando el temor al error o a la incapacidad... O el rostro de aquellos que van en busca de un trabajo, a una entrevista: miradas desafiantes que se convierten en tartamudeos ante una pregunta comprometedora, después de haberse evidenciado como expertos en el tema. Los rostros son tan diferentes en cada lugar: en el supermercado, no se diga en algún funeral, o el asombro de aquel que ha sido acusado...

Todo tipo de rostros es mostrado ante nuestro diario vivir, estados de ánimo son reflejados: alegría, satisfacción, temor, enojo, aburrimiento, pasividad, sorpresa... También observamos con delicadeza los rostros de los demás para saber cómo socializar, entablar una conversación. El rostro de una persona nos da la puerta de entrada a la confianza o bien, un estado de alerta para colocarnos a la defensiva.

¿Has entrado a una oficina o a una casa en donde hay una atmósfera de alegría, de enojo o de tensión? ¿Acaso no se refleja esto en la cara de las personas? Parece ser que el rostro muestra un estado del alma. Incluso puedes marcar tu semblante con movimientos repetitivos de los músculos. Las líneas de expresión se van marcando con el tiempo; ellas hablan mucho de tu estilo de vida, de tu forma de ser y de la manera con la que tomamos cada situación. Pero no es nuestro objetivo hacer un estudio de las líneas de expresión, nuestro propósito es hacer una observación de patrones en los cuales podemos encontrar rostros sorprendidos, satisfechos, alegres... en busca de llenar una expectativa.

Por ejemplo, nuestra familia sale un par de veces al año a comprar ropa. Los padres con hijos adolescentes saben lo necesario que es esto, porque aquel pantalón que quedaba justo, en cuestión de un par de meses empieza a mostrar los calcetines, o aquella falda que quedaba debajo de la rodilla ahora parece minifalda. Pero, como habíamos dicho, vemos diferentes tipos de rostros en lugares diversos. ¿Los has observado en un centro comercial? Podemos verlos muy variados: padres preocupados, gente que reclama garantías o que pide cambios...

Observa a la gente cuando se prueba algo nuevo o compra la última consola, la cámara fotográfica de sus sueños, las botas de la marca de moda de la nueva temporada, la prenda con la tela de la que se oye mucho hablar o el nuevo accesorio para el bolso; se toca, se manipula, se ve cómo funciona, se prueba y se ven en el espejo. Lo que impresiona en este sentido son los tipos de rostro que encontramos al adquirir algo nuevo. Es como una mezcla de satisfacción, alegría, placer, inseguridad, seguridad y riesgo; el deseo de tenerlo y de que eso forme parte de uno. Inclusive hay prendas que te pruebas y en la tienda te parecía que le caía más a tu color de piel, la razón es que como estamos emocionados nos ruborizamos un poco más. La emoción que puede dar algo nuevo puede ser tan trascendente que puede cambiar nuestra forma de ver la vida y de cómo vivirla.

En el mundo empresarial, una novedad puede representar la oportunidad enorme de generar grandes riquezas. Lo nuevo tiene la expectativa de atraer masas que deseen ser parte de aquello porque despierta en nosotros un estilo de vivir diferente. Pero a pesar de que vivimos en un mundo con capacidades comerciales globalizadas y en donde las novedades, en todas las formas de comercialización, se presentan y en donde el consumismo es parte de nuestra vida y vemos novedades por doquier. Vivimos en una era en donde las insatisfacciones crecen al ritmo de las oportunidades de adquirirlas. En cierta forma, el deseo de adquirir lo nuevo, hablando en términos materiales, nos lleva a perder de vista que hay otras cosas nuevas por descubrir. Es decir, en nuestro deseo por experimentar lo nuevo buscamos en el exterior, en lo tangible, y empezamos a perder lo nuevo que hay que descubrir en el interior nuestro, o en el interior de otra persona, de una cultura o sociedad.

Actualmente existen inversionistas con capacidades económicas inimaginables cocheras para más de diez autos, con valores enormes por automóvil, helicópteros, aviones y yates. Todo empieza en el sentido de adquirir algo nuevo, algo que llene esa necesidad de descubrir o experimentar. Créeme, el ser humano vive bajo una extrema necesidad de asombro, y en medio de esa búsqueda de asombro el ser humano se ha enredado. Si bien la búsqueda es correcta, lo hacemos en el lugar equivocado. Piénsalo de esta forma: cada vez se hacen cosas más fascinantes, por lo que nuestra capacidad de asombro es cada vez más difícil. Las estadísticas de gente con depresión son cada vez más alarmantes. Lo que se ofrece en nuestro exterior nunca será suficiente para nosotros.

Piénsalo, cuando obtienes algo siempre deseas lo que sigue. ¿Qué más podemos adquirir? ¿Por qué lo que de pronto es tan deseado luego pasa de moda y es necesario sustituirlo por otro? ¿Qué hace que tengamos esos grados de insatisfacción en nuestra vida? Vivimos en un mundo insatisfecho, pero ¿qué causa tal insatisfacción? Existimos en un mundo de facilidades, todo está a la mano, tenemos el conocimiento acumulado, diferentes formas de entretenimiento, diversas formas de recreación... Hoy podemos conocer y viajar con más facilidad que hace apenas un par de generaciones atrás, podemos acceder a diferentes tipos de trabajo, la tecnología que hoy tenemos hace que podamos trabajar de formas diferentes. Vivimos en la era de la comodidad y de la diversidad y, sin embargo, vivimos en la era de la insatisfacción, de la cólera, tristeza, depresión y con tasas de divorcio más altas. Pareciera como si a la humanidad se le tratara de meter a un mismo molde que desencadena el mismo síntoma: insatisfacción. Tratemos de examinar lo que sucede, el punto donde estamos, lo que tenemos a nuestro alrededor y hacia dónde queremos ir.

2. Ser vs entorno

Nuestro comportamiento puede, o no, desarrollarse sobre la base de lo que somos interiormente, esto dependerá de nuestro nivel de sensibilidad al entorno. ¿Has estado en medio de un recinto en donde empiezan a aplaudir y tú los sigues como si supieras a quién o por qué lo hacen? Lo que quiero decir es que todos tenemos esa sensibilidad a la influencia social. Es decir, podemos comportarnos como somos o como estamos constituidos interiormente, o bien podemos proceder en base a la influencia de nuestro entorno.

Si la influencia que ejerce nuestro entorno coincide con lo que somos interiormente estaremos entrando a una esfera de disfrute o empatía, pero si no concuerda, podemos decidir participar o no participar. Aunque, si me permites, centrémonos en aquellos que participan inclusive no siendo lo que ellos son en el interior. En gran parte es mayoría, quienes son empujados a integrarse a un entorno social totalmente diferente a la personalidad original solo por el hecho de sentirse aceptados dentro de ese entorno, y, si bien, les creará un tipo de felicidad y de satisfacción temporal, en realidad es meramente ficticio.

La necesidad de aceptación y de pertenencia nos puede sacar de nuestro enfoque de lo que realmente somos. Piénsalo, no todos los jóvenes se sienten satisfechos con ingerir alcohol de manera descontrolada o por consumir algún tipo de droga, puede ir en contra de sus principios internos, del entorno familiar y las enseñanzas, sin embargo, por la necesidad de aceptación o por la presión que ejerce el entorno lo hacen. Y no solo la juventud. Todo ser humano pierde la esencia de su ser bajo la influencia social cuando, de pronto, está inmerso en una incomodidad interna que puede hasta generarle cierta amargura ante el diario vivir.

Hablando precisamente de la influencia social, es una de las principales causas, por nuestros sistemas de producción, en la cuales caemos en la rutina. De pronto, ya no disfrutamos ni la aceptación y vivimos en un entorno en el cual entramos renunciando a lo que somos. Por lo tanto, ya ni siquiera disfrutamos lo que hacemos. Y lo peor de todo es que perdemos el sentido de lo que somos. Es decir, nos involucramos en cosas nuevas externas para luego hacerse rutina, la cual nos incapacita para descubrir lo nuevo.

Déjeme decirle esto: si hay algo que vaya a cambiar su vida al descubrirlo no es algo que esté sobre el exterior, sino sobre su interior. En nosotros hay cientos de capacidades que podemos descubrir, que nacen con nosotros y debido a que estamos enredados en un ritmo de vida, o nos anclamos en el punto donde perdemos la capacidad de descubrir, o bien estamos buscando en otro lado cuando verdaderamente estaba en nosotros. De pronto llegamos hasta el día de nuestra muerte y solamente quedarán muchas cosas nuevas por descubrir, son como artículos almacenados en todo el vasto almacén de cualidades y virtudes que Dios mismo creó en nosotros.

Todo esto puede pasar desapercibido ante nuestra vida por tener metas que son parte de la influencia social, (considerando que la influencia social produce un cambio psicológico por medio de nuestras relaciones). Pensémoslo de esta forma: supongamos que en tu familia hay un linaje de abogados prestigiados, lo más probable es que cuando vayas a la universidad, prefieras estudiar derecho. Todas tus energías estarán en alcanzar el prestigio que te antecede. En ese momento se levanta una limitante de descubrir, entonces, bajo la necesidad de asombro, el prestigioso abogado empezará a intentar descubrir sobre cosas externas. Pueden ser alcances económicos, estudio de otras especialidades, nombramientos u otros, cuando dentro de él tal vez había un excelente matemático, cómico, artista... Por lo tanto, ten el coraje de vivir la vida siendo fiel a tus sueños, no a la vida que otros esperaban de ti.

Lea con atención esto: hay excelentes padres o madres que se extraviaron en buscar algo nuevo influenciados por su entorno. Tuvieron hijos, pero, cegados por los alcances definidos por su entorno, dejaron pasar la oportunidad de ser aquellos padres excelentes. Pero también hay excelentes hijos que tienen un mal comportamiento debido al entorno. Si permitimos que la influencia de nuestro entorno sea quien forme lo que somos, fácilmente nos vamos a extraviar y estaremos envueltos en una rutina que no comprendemos. Esto es lo más peligroso, perderemos la capacidad de analizar por qué estamos allí y por qué nos comportamos así, tarde o temprano habrá una colisión entre lo que somos y el entorno donde decidimos vivir.

Así que mientras estés en una plática de café y escuches comentarios acerca de la vida, o bien veas los estilos de vida de la gente, ten en cuenta que quien habla no eres tú, o quien está viviendo ese estilo de vida que empiezas a admirar no eres tú. Lo estás viendo reflejado en la vida de otra persona muy diferente a ti. Mira, hay una peculiaridad en todos nosotros, ¿qué sucede cuando carecemos de identidad? La persona sin identidad adolece de una definición de sí mismo, en ese momento desarrollamos una capacidad muy especial que es común en los adolescentes, pero que no solo les sucede a ellos.

Hay cientos de personas adultas que viven este tipo de situación, pero es más visible en los jóvenes debido a su inocencia de no saber enmascarar su vida. Desarrollamos una capacidad de imitación por la cual, si observamos cuidadosamente, la mayoría de la gente tiene estilos de vida muy similares. ; Esto lo hacemos porque vemos a las personas «felices», desde nuestro supuesto punto de vista carente de identidad, y de perspectiva, porque solo estás viendo una cara de la vida de la persona. Entonces, empezamos a imitar sus reacciones, sus adquisiciones y sus formas de ser, sin antes analizar quiénes son los que estamos imitando y quiénes nosotros mismos, alejándonos, así, de lo que somos. Una vez que estamos lejos de nosotros mismos, de nuestra esencia, será muy difícil que encontremos algo nuevo, porque solamente vivimos imitando conductas y patrones. Inclusive empezamos a imitar la felicidad, risas y alegrías sin fundamentos en nuestra esencia, creando interiormente un río en donde nuestra personalidad rema a contracorriente.

De allí es donde vemos a personas que se desploman en actitudes negativas, fastidiadas, o muchas veces se sumergen en la depresión. Si bien, déjame hacer un paréntesis con respecto a esto, no es que no debamos admirar a alguien, por el contrario, es muy importante siempre tener un punto de inspiración. En lo personal tengo muchas personas a las cuales admiro y respeto y son parte de lo que soy ahora, pero algo muy importante es separar entre lo que esa persona que admiramos es y lo que soy yo. La razón es esta, si no puedo llegar al nivel de los alcances de la persona que admiro, entonces quedaré frustrado, pero si las alcanzo me sentiré satisfecho, dejando un límite a lo que somos. Es decir, si vivo mi vida como la de otra persona, aunque sea muy exitosa de cualquier forma, pierdo.

Hay un error grande en el humano, en el cual adquirimos el ser del entorno, cuando verdaderamente el ser debe formar a nuestro entorno. Por lo que te invito a descubrir lo nuevo dentro de ti, algo que no conocías de ti, de esta manera formarás tu entorno o le darás un toque de tu misma esencia a tu entorno . ¿O acaso permitirías que el entorno te forme a ti? No, mi amigo o amiga, no estás en esta vida para ser parte de la masa. De hecho, no somos una masa. El sistema de vida hace que nos comportemos como tal, pero debemos entender nuestra individualidad, lo diferentes que somos. No hay otro como tú. En el momento en que mueras no habrá un sustituto. Solo hay un tú. Al comprender esto formas relaciones diferentes con base en lo que somos, con empatía, pero diferentes. La biodiversidad hace hermoso al planeta, forma parte de un ecosistema que contribuye uno a otro dando como resultado un equilibrio perfecto y, además, un hermoso paisaje con flores, olores, plantas de todas las formas y colores, ríos que conviven con peces y microorganismos, que ni siquiera sabemos que existen, que se encuentran allí dando parte a su esencia. Igualmente lo hermoso de la humanidad está en lo diverso que es el ser humano, nuestra esencia forma parte de esa diversidad.

3. Éxito o exilio

La mayoría de los que alcanzan áreas de éxito son personas que se fijan metas dentro de su estilo de vida. Caminar diariamente basado en un enfoque o canalizar todas las energías y pensamientos en un solo objetivo, puede ser peligroso para el alma, ya que ante esta demanda de energía por alcanzar las metas, en ocasiones provocan costos muy altos, hasta el punto de que dejamos de evaluarlos. De pronto no importan nuestras relaciones, nuestro entorno, nuestros amigos, los lazos familiares... hasta llegar al punto de no importarnos nosotros mismos. Los alcances que tenemos se convierten en la definición de lo que somos y pensamos de nosotros mismos.

Cuando nos encontramos en este punto, es cuando la capacidad de descubrir se torna hacia nuestro exterior y la capacidad de asombro empieza a perder su fuerza, de tal forma que de pronto la vida se vuelve fastidiosa y sin sentido. Podría tomar el ejemplo de algunos «exitosos» que murieron en mansiones de millones de dólares con autos impresionantes, que conocieron lugares extraordinarios, que fueron iconos de una sociedad, pero que murieron solos, de una sobredosis o enfermos, llenos de insatisfacciones.

Permíteme ampliar un poco el panorama con el ejemplo de la vida real de un hombre muy exitoso en todas las áreas visibles de su vida. Observa con atención lo que te estoy diciendo: áreas visibles. Este era un hombre el cual nació en un palacio. Su papá era el rey más famoso de su tiempo, y, de hecho, hasta el día de hoy es el emblema de ese país. Llevó al país a niveles de dominio y de estabilidad impresionantes, gozaba de los privilegios de un príncipe, y no de un príncipe cualquiera, sino el príncipe del país que era potencia en su tiempo. El nombre de este príncipe era Salomón, sí, el famoso Salomón, el hombre famoso por su sabiduría. Pero como todo príncipe, llega el tiempo cuando su padre lo pone en el trono y comienza a ser rey. Imagina el peso de este rey cuando su padre había sido un rey magnífico, amado por su pueblo, guerrero fuerte y conquistador, famoso por haber peleado con un gigante y haberlo vencido. El peso del temor a equivocarse, o llegar a ser el heredero al que le dieron todo y se quedó sin nada, era una preocupación que inundaba su corazón, como muchos hijos que en la actualidad tienen padres exitosos.

Salomón, en medio de esa preocupación, en una noche Dios lo visita (Dios lo visita por amor al rey David, padre de Salomón), y en esa visita Dios le dice que le pida lo que quiera. Yo no sé qué hubieras pedido tú (tal vez un Ferrari, una mansión, no lo sé). Pudo haber pedido larga vida, o tal vez la permanencia de sus generaciones en el trono ola muerte de sus enemigos, esas cosas que los reyes y poderosos pudieran desear. Por el contrario, este hombre emite su deseo argumentando el peso que tiene sobre su espalda: «Quisiera que me dieras sabiduría», expreso Salomón. ¿Sabiduría?, ¡Oh, por Dios! ¡Salomón!, ¿qué haces? Sí, así es: le estaban firmando un cheque en blanco de la cuenta más poderosa del universo y este hombre pide sabiduría. Tan así fue que La Biblia dice que esto agradó a Dios, ya que todos entramos en el esquema de pedir riquezas, bienes, salud y gloria; sin embargo, este hombre pidió sabiduría y conocimiento, a lo cual Dios se lo concedió, lo que tuvo como resultado que la fama de Salomón se expandiera rápidamente por su gran sabiduría.

A partir de ahí su forma de gobernar fue impresionante. La gloria de su reino fue magnífica. La manera en que el país se enriquecía era formidable. Firmó tratados económicos con otros países, todo un esquema de gobierno que fue de punta en los sistemas de gobierno de su tiempo. Una vez alcanzado todo aquello, creció su fama como buen gobernante, de hombre sabio. Imagínate, este hombre había alcanzado el «éxito»; su padre había dejado de ser sombra sobre su vida. Cuando su padre fue un conquistador violento, este hombre gobierna en paz de manera grandiosa. Déjame hacer un pequeño comentario entre la diferencia de gobernar en medio de tiempos de guerra y en medio de tiempos de paz, y por qué Salomón requería sabiduría para gobernar. Ambas tienen sus complicaciones, pero los tiempos de guerra te mantienen enfocado y en acción, saben sacar lo mejor de ti y te obligan a dar el extra, tu vida depende de tu esfuerzo por lo que obtienes más allá de tus fuerzas. En tiempos de paz y de abundancia se vuelve más complicado. Fácilmente, se puede perder el tiempo sobre la nada, se toman decisiones sin pasión, se carece de adrenalina y de coraje, pierden esencia, por lo que cuando tengas momentos de paz y de tranquilidad es cuando realmente requieres de sabiduría, es cuando más necesitamos estar pegados a Dios. Pero precisamente hacemos lo contrario, buscamos a Dios en tiempos de nuestras batallas y lo olvidamos en tiempos de paz, esto es exactamente el motivo por el cual nuestros tiempos de paz terminan dándonos problemas y no cumplimos su propósito, el cual es avanzar con disfrute sin necesidad de batalla. Es decir, los tiempos de paz son de avance y de conquista, pero sin pelea, sin lucha y sin sangre, la conquista es más bien por estrategia.

Ahora bien, cualquiera de nosotros estaría pensando (como muchas veces pensamos del amigo, del vecino, del familiar, que le ha ido «muy bien»), cuestiones como:«¿por qué a mí no me tocó esa suerte?». Si tuviéramos la oportunidad de platicar con el rey Salomón quizá le preguntaríamos cómo se siente con todo lo que ha alcanzado. Muchos de nosotros nos quedaríamos atónitos con lo que respondería; observemos con atención algunas frases que este rey escribió:

> Me dije entonces: «Vamos, pues, haré la prueba con los placeres y me daré la gran vida». ¡Pero aun esto resultó un absurdo! A la risa la considero una locura; en cuanto a los placeres, ¿para qué sirven? Quise luego hacer la prueba de entregarme al vino —si bien mi mente estaba bajo el control de la sabiduría—, y de aferrarme a la necedad, hasta ver qué de bueno le encuentra el hombre a lo que hace bajo el cielo durante los contados días de su vida. Realicé grandes obras: me construí casas, me planté viñedos, cultivé mis propios huertos y jardines, y en ellos planté toda clase de árboles frutales. También me construí aljibes para irrigar los muchos árboles que allí crecían. Me hice de esclavos y esclavas; y tuve criados, y mucho más ganado vacuno y lanar que todos los que me precedieron en Jerusalén. Amontoné oro y plata, y tesoros que fueron de reyes y provincias. Me hice de cantores y cantoras, y disfruté de los deleites de los hombres: ¡formé mi propio harén! Me engrandecí en gran manera, más que todos los que me precedieron en Jerusalén; además, la sabiduría permanecía conmigo. No le negué a mis ojos ningún deseo, ni a mi corazón privé de placer alguno, sino que disfrutó de todos mis afanes. ¡Sólo eso saqué de tanto afanarme! Consideré luego todas mis obras y el trabajo que me había costado realizarlas, y vi que todo era absurdo, un correr tras el viento, y que ningún provecho se saca en esta vida.
>
> [Eclesiastés 2:1-11]

Hemos aprendido a condicionar nuestra vida por medio de pretextos: si tuviéramos esto, si pudiera adquirir aquello, si me hubiera casado con... o si no me hubiera casado, si hubiera nacido en otro país, si viviera en otro país, si tuviéramos otro gobierno... Consideramos todas las posibilidades que pudieran habernos hecho felices, culpamos de nuestros fracasos, de nuestra insatisfacción, apuntando con el dedo, acusando en todas las direcciones posibles, pero curiosamente consideramos aquellas que no tenemos y nunca consideramos las que sí tenemos. Pero, el punto es que este hombre estuvo en el *estado más óptimo* de todos los que nosotros pudiéramos anhelar o considerar para ser felices o sentirnos plenos. Obsérvalo detenidamente: tenía linaje, clase, dinero, poder, respeto, sabiduría, conocimiento, bienes, fiestas, vino, mujeres, inventos, ganado, música... todo lo que puedas imaginar y hacer sin límites. Sí, sin límites, todo lo que quisiera tener o hacer, pero no encuentra placer en todo esto. No encontró esa felicidad. Mira lo que escribe:

> Si un hombre tiene cien hijos y vive muchos años, no importa cuánto viva, si no se ha saciado de las cosas buenas ni llega a recibir sepultura, yo digo que un abortivo vale más que él.
>
> Eclesiastés 6:3

Este hombre consideró que el secreto no es tener, sino saber disfrutar. Aclaremos de una vez, no estamos diciendo que no tengas o no alcances tus metas. Esto es muy importante, y será parte del descubrir lo nuevo. Los resultados y el disfrute de ellos son lo que traen satisfacción, los sueños solo son emociones encapsulados en pensamientos, hace falta más que soñar. Lo que estamos acentuando es la incapacidad de disfrutar ante nuestros alcances debido al extravío de nosotros mismos en medio de esa búsqueda. Es decir, el ejemplo del rey Salomón es colocarnos a nosotros en ese punto óptimo en el cual todos deseamos, en el cual los «hubiera» que nos limitan a ser felices no existen. Estamos colocando todos los puntos óptimos. Así este hombre dice «que si un hombre tiene 100 hijos», en los tiempos del rey Salomón tener muchos hijos era símbolo de poder, autoridad y de éxito, aquel que no podía tener hijos se le consideraba que estaba en maldición. No es así en nuestros días. Yo tengo tres hijos y siento como si fueran cien, por lo que pienso que por eso me siento exitoso. Aunque esto es una broma, lo que expresa Salomón es que lo que es considerado como éxito, lo máximo que puedas alcanzar basado en parámetros de éxito puestos por la sociedad y la cultura.

Además, expresa que aunque tengas una larga vida para hacer y hacer, no importa porque finalmente nos damos cuenta que a pesar de que optimicemos nuestra vida entendemos que es tan corta que apenas cuando alcanzamos algunos de nuestros sueños nos topamos con que nos hacen falta unos cuantas decenas de años más. Esto es, por más que alcances sin límites de tiempo, a pesar de eso, si no adquirimos la capacidad de disfrutar, si no aprendiste a reír, gozar, llorar, abrazar... si no diste tiempo para descubrir algo más, entonces el nivel máximo que alcanzaste es el mismo que el de un abortivo. Habrás vivido con el mismo valor, con los mismos alcances que un abortivo sin la oportunidad de disfrutar la vida. Nunca viste la luz del día, nunca palpaste, nunca lloraste, nunca tuviste hambre, no disfrutaste de un rico abrazo, simplemente exististe en un momento, en realidad no habrás alcanzado el éxito, sino el exilio de vivir. Y esto es exactamente el sentido de vivir, el disfrutar, y la base del disfrute es a través de descubrir. Cuando dejamos de descubrir, cuando dejamos de añadirle novedad a nuestra vida, es cuando pierde disfrute. Este hombre alcanzó todo, lo tuvo todo, sin embargo, se sintió como un abortivo. Observemos esta percepción en letras del rey Salomón.

> Lo que ya ha acontecido volverá a acontecer; lo que ya se ha hecho se volverá a hacer ¡y no hay nada nuevo bajo el sol! Hay quien llega a decir: «¡Mira que esto sí es una novedad!». Pero eso ya existía desde siempre, entre aquellos que nos precedieron.
>
> Eclesiastés 1:9-10

El anhelo por descubrir se había terminado para este hombre. No había nada más que mirar, más por descubrir, nada más por hacer. No sé si tú te has sentido así, yo sí. Levantarse para ir a trabajar, hacer lo que en un momento fue un reto y hoy lo dominas. Lo que en su tiempo era creativo, hoy se convierte en procesos casi automáticos. Regresas, haces lo que hagas a diario: lees, ves televisión, tomas un baño... todo se puede volver en un estilo de vida sin asombro. De pronto te das cuenta de que lo que estabas haciendo en enero lo sigues haciendo en diciembre, y lo que hacías hace diez años lo sigues haciendo ahora. Ahora no sabes cómo te metiste allí, no sabes cómo es que está pasando el tiempo tan rápido. Si este es tu estado o si en algún momento has estado allí o llegas a estar así, entonces es el momento exacto para mover el timón de tu vida. Hay mucho más por hacer y por vivir. A veces tratamos nuestra vida como aquel piloto que despegó su avioneta bajo la niebla, no podía ver que tan larga era la pista, por lo que utilizó toda la potencia disponible para despegar en el menor tiempo posible. La angustia de esos segundos estaba concentrada solamente en hacer despegar las llantas de la pista hasta que lo logró. Después regresó al mismo lugar en un día claro y soleado y se dio cuenta de que la pista en la que había despegado era para aviones comerciales. Muchas veces así vivimos la vida. Concentramos nuestros esfuerzos al máximo para alcanzar nuestras metas sin disfrutar, forzamos nuestra vida al máximo y nos enfocamos solo en despegar cuando no nos dimos cuenta de que teníamos suficiente pista para tomar la velocidad correcta y despegar hacia la eternidad sin problemas. Si hay algo nuevo por descubrir, tal como te sientes en el centro comercial por un momento, también en tu vida cotidiana tiene que surgir esta experiencia de vivir emocionados. Pero no por un momento, sino que se forme un estilo de vida de vivir asombrados- No estamos hablando de una actitud solamente, porque en realidad no todo el tiempo podemos mantener la actitud sobre los mismos niveles, pero permíteme tomar el tema más adelante.

Salomón mencionó «no hay nada nuevo». Al no haber nada nuevo, no importa cuánto alcances, cuánto avances, cuánto acumules o cuánto viajes. Si pierdes el asombro perderás la emoción de vivir, y una vez que pierdes esto el aburrimiento se avasallará sobre tu vida. Todo pierde su sentido, él lo expresa de esta manera:

> ¡Solo eso saqué de tanto afanarme! Consideré luego todas mis obras y el trabajo que me había costado realizarlas, y vi que todo era absurdo, un correr tras el viento, y que ningún provecho se saca en esta vida.

¿Quién corre tras el viento? Creo que Salomón se imaginaba como si fuera un deficiente mental, corriendo en todas direcciones y dando círculos. Aunque el término «correr tras el viento» en otras versiones bíblicas se usan como «aflicción de espíritu», en palabras comunes sucede de otra manera. Elegimos una cosa por alcanzar, por gusto o por influencia, porque en algún punto de nuestra vida vimos que a aquel o aquellos les funcionó, porque era el grito de la moda... También porque alguien nos cargó con la información de que alcanzar riquezas o alcanzar un puesto político, un puesto de trabajo, ser una estrella del deporte o de la música, construir un rascacielos, o cualquier cosa en la que creímos era el punto más alto de la satisfacción. Sin embargo, cuando lo hemos logrado, cuando lo hemos alcanzado, nos inunda una satisfacción y una alegría que parece desbordarse en nuestro interior.

Algunas veces hasta germinan semillas de orgullo y de presunción, estas tienen la capacidad de cegar la visión y de limitar alcances aún mayores a los que hemos hecho. Pero ese no es el punto; el punto es que cuando lo alcanzamos, luego, cuando pasa un tiempo los elogios y halagos comienzan a menguar, la gente a tu alrededor empieza a asimilar tu «éxito» como algo natural en ti, empieza el descenso de las emociones e inician las preguntas en nuestro interior: ¿Y ahora qué?, ¿Es todo?, ¿Será suficiente? «Ahora disfrutaré lo que he logrado» y te das cuenta de que aquello que has alcanzado es como la bala de un proyectil impactando tu vida creando un vacío aún mayor.

Eso fue lo que exactamente le pasó al rey Salomón: se dio cuenta que nada llenaba. Todo había sido en perseguir el viento (en aflicción de espíritu), una incesante búsqueda de la satisfacción que se va convirtiendo en un pozo con un diámetro y una profundidad mayores. . Si queremos llegar a la plenitud de nuestra vida tenemos que desarrollar la capacidad de ver y entender el viento. Este tiene cambios de trayectoria, de velocidad, de temperatura... Es capaz de transportar bacterias, humedad, convertirse en vientos refrescantes y hasta en tempestuosas tormentas. Y no hablamos del viento natural, me refiero a la esencia natural con la que estamos creados. Permíteme darte un enfoque acerca de esta realidad del ser humano, solo continúa leyendo.

«Ten el coraje de vivir la vida siendo fiel a tus sueños, no a la vida que otros esperan de ti.»

Piensa un momento:

Describe 5 cosas que si las obtuvieras hoy te hicieran plenamente feliz.

De ellas analiza el porqué.

Examina con cuidado:

¿Provienen de ti? o ¿provienen de tu entorno?

Si provienen del entorno, invertirás energía, pensamientos, tiempo y tal vez toda una vida. Quizá lo lograrás, y cuando lleguen, a lo mejor experimentarás, frustración, desilusión, cansancio...

Si provienen de tu interior, son tuyos, te pertenecen y te llevan a la plenitud. El mismo Dios fue quien los implantó en ti. Tienen una relación directa con tu propósito.

¡¡Ve por ellos!!

III

EMPIEZA DE NUEVO

En ocasiones, cuando estaba en el colegio, nos encargaban problemas matemáticos, los cuales llevaban largos procesos. Empezar los cálculos, aplicación de fórmulas, factorizar, despejes, gráficas... hasta que llegas al punto de darte cuenta de que algo anda mal. Comúnmente corriges el error de inmediato en retroceso al resultado, pero nos rehusamos a revisar desde el principio. Y lo más doloroso que te puede suceder es el momento en que más avances y más tiempo inviertas, más se va enredando el problema. La compresión del mismo se hace nula, por lo que lo más conveniente es empezar de nuevo. Se trata de ese momento en que te fastidias, arrancas la hoja por completo y lo que queda frente a ti es una hoja en blanco, algo que te dice que todo lo que hiciste en el pasado ya no está escrito. Pero permíteme traducirlo en términos de la vida cotidiana.

Habrá un momento en nuestra vida en que tal vez necesitaremos arrancar las páginas que hemos escrito; estas son las cosas que hemos edificado. Aquello que fuera un gozo haberlo plasmado en las páginas de nuestra vida, de pronto lo vemos lleno de tachones, con marcas a los lados, en diagonal, sin orden definido, o con aquello que anotamos provisionalmente. Como cuando redactas algún documento o realizas alguna anotación y alguien te llama y apuntas a un lado de la hoja el dato o un teléfono. Así es nuestra vida. Llegan situaciones en las que actuamos provisionalmente, pero aquello transitorio se queda escrito en las páginas de nuestra vida.Están allí para darnos información, pero nos sacan de orden, de objetivos. Imagina que tu esposa, esposo, tu novio o novia te da una carta de amor y a un lado de esa bella carta aparece el teléfono del veterinario porque quizá tu perro estaba enfermo, o sobre la hoja se te derramó un poco de aquel café que estabas disfrutando al escribir la carta. Por muy hermosa que sea, hay información fuera de lugar. Hay miles de cosas escritas en nuestro interior que están fuera de lugar, dan información valiosa, pero no debe de estar allí.

Por cierto, recuerdas que Salomón estaba fastidiado de la vida porque sentía que todo lo que hacía era como perseguir el viento, que por mucho que lograra, no encontraba satisfacción, nada nuevo en su vivir. Jesucristo toma el tema aproximadamente 900 años después cuando un hombre llamado Nicodemo, de profesión fariseo (aquellos considerados como líderes religiosos y expertos en la Ley Mosaica de los Judíos, hombres con poder e influencia política), no era cualquier persona, y no buscaba a Jesús porque se encontrara en una situación difícil o porque era un don nadie. Nicodemo busca a Jesús porque pudo observar en él algo diferente, algo que sus maestros no le habían enseñado, una esencia de vida que sobrepasaba más allá de lo que había conocido. Su sonrisa, sus palabras y su compañía transmitían esa esencia de vida; sus palabras coincidían con sus acciones. Eso provocó una de esas curiosidades tan intensas que te hacen romper los esquemas y tomar riesgos solo por el hecho de no quedarte con la duda.

Así, una noche se acerca a Jesús (acude de noche por miedo a perder sus privilegios como líder político-religioso) y le declara «sabemos que has venido de Dios como maestro...». Reconocer a alguien como maestro era algo de extrema honra, y más cuando estamos hablando que Nicodemo era un maestro de la ley. Pero, reconocer que venía de Dios lo hacía aún más intenso, porque el hecho de que Jesús había confesado que venía de Dios fue la razón por la que lo crucificaron. Es decir, Nicodemo, por esta declaración, hubiera sido suficiente para ser sentenciado a muerte. Pero una vez que Jesús oye esta declaración, sabe los riesgos que Nicodemo había tomado, por lo cual no lo quiere enviar como llegó, quiere darle la clave y mostrarle que lo que ha alcanzado y lo que no es suficiente. Jesús lo enfrenta de esta manera:

> 3 Respondió Jesús y le dijo: De cierto, de cierto te digo, que el que no naciere de nuevo, no puede ver el reino de Dios.
>
> 4 Nicodemo le dijo: ¿Cómo puede un hombre nacer siendo viejo? ¿Puede acaso entrar por segunda vez en el vientre de su madre, y nacer?
>
> 5 Respondió Jesús: De cierto, de cierto te digo, que el que no naciere de agua y del Espíritu, no puede entrar en el reino de Dios.
>
> 6 Lo que es nacido de la carne, carne es; y lo que es nacido del Espíritu, espíritu es.
>
> 7 No te maravilles de que te dije: Os es necesario nacer de nuevo.
>
> 8 El viento sopla de donde quiere, y oyes su sonido; mas ni sabes de dónde viene, ni a dónde va; así es todo aquel que es nacido del Espíritu.
>
> Juan 3:3-8 (RVR1960).

Jesús confronta la vida de Nicodemo expresándole «el que no naciere de nuevo...» Le está diciendo: «Nicodemo, tienes en las páginas de tu vida muchas cosas escritas, le has dado la libertad a que muchos escriban por ti, ahora sigues instrucciones que ni siquiera tú comprendes. Tienes tanto y a la vez sientes que no tienes nada, estás rodeado de maestros, pero te sientes un ignorante. Tu doctrina habla de amor, cuando tienes que venir de noche a buscarme porque sabes que si tus maestros saben que estás aquí te van a asesinar. No tienes opción, necesitas nacer de nuevo, arranca las páginas de tu vida pasada y empezar a rescribir». Nicodemo ha de haber pensado: «¿Qué? ¿En serio? ¿Quieres que empiece de nuevo? ¿No sabes lo que he batallado para llegar hasta aquí?». Es como si prácticamente algún hombre estuviese a punto de ser candidato para la presidencia de su país porque tiene todas las posibilidades de ganar, y Jesús le dice «necesitas empezar de nuevo», además de añadir: «si no empiezas de nuevo, no puedes entrar al reino de los cielos». Así es, el reino de los cielos nos vuelve a nuestro diseño original en el cual somos creados para el disfrute, para descubrir, para vivir plenamente y satisfechos. Pero, no podemos volver al diseño original sin que volvamos a empezar. Volvamos a analizar el versículo 8: «El viento sopla de donde quiere, y oyes su sonido; más ni sabes de dónde viene, ni a dónde va Así es todo aquel que es nacido del Espíritu».

Recuerdas lo que decía el rey Salomón acerca de todo lo que había alcanzado, absurdo y fastidioso, como perseguir al viento. En este pasaje Jesús vuelve a tomar el tema: «El viento sopla de donde quiere y oyes su sonido, más ni sabes de dónde viene ni a dónde va. Así es todo aquel que es nacido del Espíritu.» Sí, así es, mi amigo, por mucho tiempo las páginas de nuestra vida estuvieron a disposición nuestra, y es muy probable que, a disposición de otros, pero necesitas empezar de nuevo.

Necesitas arrancar las páginas de tu vida, arrancarlas del cuaderno de tu corazón y empezar a reescribir, pero ahora de manera diferente. Ahora deja que Dios escriba tu vida, eso es nacer del Espíritu. Por eso Salomón encontró que era fastidioso vivir, porque quiso escribir su destino como si Dios estuviera en su vida, quiso hacer un Dios a su medida, un Dios el cual encajara con su personalidad, con sus intereses y sus deseos. Esto fue como perseguir al viento, pero de pronto el viento cambiaba de dirección, de temperatura, de humedad... y eso es exactamente lo que sucede en nuestra vida cuando creemos que nos sometemos a Dios.

O si no crees en Dios, entonces tienes algo supremo. Tal vez tu supremo sean tus alcances, tus anhelos o tus sueños, pero en realidad no hay ninguna diferencia entre aquel que cree en Dios para sus intereses como aquel que no cree en Dios y que solo vive para sus intereses. De pronto vienen a nuestra vida vientos de pasividad, tiempos que a nuestra vida traen refrigerio y decimos «gracias Dios», o bien «gracias a mi esfuerzo». Como sea no importa, pero de pronto los vientos cambian de dirección, cambian en nuestra contra, hasta pueden llegar grandes tormentas devastadoras. Entonces entras en un juego de no entender la vida, de no saber lo que pasa, de surgir interrogantes de «por qué a mí, ¡no era lo que esperaba!», «estaba enamorado, pero creo que se terminó el amor»... Tiempos en los cuales nuestros niveles económicos son muy discrepantes con nuestros niveles emocionales o relacionales. Nos hemos equivocado, necesitamos empezar de nuevo. No es que no lleves alcances. Créeme, cuando empieces de nuevo tus alcances se multiplicarán, serás mucho más óptimo y el esfuerzo se minimizará. Dale una oportunidad a Dios de reescribir. No es que los vientos vayan a dejar de cambiar, pero el nacido del Espíritu, aquel que reconoce a Jesús no solo como su maestro sino como Dios, entiende que todo viento traerá un bien. Aquello que llamamos fracaso cambia por la palabra aprendizaje. Aquello que llamamos tiempos difíciles son tiempos de entrenamiento. Aquello que llamamos tormentas lo reconoceremos como un nuevo proceso de renovación. No cometamos el mismo error. No creas que Dios vive para ti. El nacido del Espíritu vive para Dios y no lo sorprenden las circunstancias. Por el contrario, está expectante, porque detrás de cada cambio de viento hay algo nuevo por descubrir. Encuéntrate con el Dios que te renueva, que cambia la perspectiva. Entra en el reino de los cielos. Y no me refiero a la eternidad solamente, me refiero a que tu vida tome el verdadero sentido por la que fue creada.

«Detrás de cada cambio de viento esta algo nuevo por descubrir.»

Tira el borrador:

Analiza y depura información, ya sea buena o no, pero que hoy ya no es necesaria.

Detectar un problema que se está solucionando de manera momentánea, con borrones, tachones, etc. (No se está encontrando la raíz o el inicio de este).

IV

ESTA ES TU OPORTUNIDAD

Una de las cosas más impresionantes que puede vivir todo ser humano son los desastres naturales. Vivo en una zona en donde prácticamente no sucede nada, no hay terremotos, no hay tornados, no hay huracanes. Lo que sí sucede muy a menudo son las intensas sequías, pero, así como hay desastres naturales también existen desastres de vida. Permíteme describir dos de ellos.

1. Desastre repentino

Chihuahua es un estado que se encuentra al norte de México. Al sur de la entidad se encuentra una hermosa área natural que caracteriza al Estado, la sierra madre. Está formada por caprichosas formas y un hermoso bosque con varios tipos de árboles. Mientras te adentras en ella es imposible no sentir algo. Literalmente es impresionante. Esta es la razón por la que me gusta visitar este lugar. Pero en una ocasión nos tocó ve que un incendio forestal había acabado prácticamente con una gran zona. Cientos de hectáreas habían sido alcanzadas por el fuego.

El paisaje cambió drásticamente, aquello impresionante, aquella emoción que se sentía, inclusive la forma de respirar había cambiado. La esencia de paz y tranquilidad tornó a tristeza. No era grato ver lo que en su momento era hermoso, los colores verdes y los olores fragantes habían cambiado por un negro opaco y un olor picante. Años después regresamos y buscamos esa zona que nos lastimaba. En su lugar encontramos que la vegetación había nacido de nuevo, algo se había reforestado, pero lo demás había nacido de nuevo, árboles y plantas con colores más intensos. Lo nuevo se imponía, pero de manera más gloriosa. Las lluvias empezaron a manifestar sus benéficos efectos. Lo que en su momento fue hermoso volvió con más intensidad ante un punto de aparente destrucción.

Todos hemos vivido algún tipo de desastre en nuestra vida, grandes incendios han venido o terremotos movieron lo más firme que hemos tenido. En lo que basamos nuestra seguridad se movió como gelatina, tornados que arrancaron los cimientos familiares, incendios de ira o de despecho consumieron la vida... Pero ante ese tipo de situaciones solo tenemos una opción: la renovación.

La resistencia al cambio es natural en nosotros. Cientos de pensamientos corren por nuestra mente. El miedo a perder o a equivocarte hacen que no des pasos en otras direcciones. Comúnmente buscamos «cambios», pero estos mantienen nuestra misma trayectoria. Tratamos de edificar zonas cada vez más seguras e inamovibles. Buscamos trabajos con contratos-base para no tener ningún imprevisto. Soportamos pequeñas incomodidades para no hacer una lucha mayor. Anclamos nuestras vidas sin oportunidades a cambios. Sin embargo, un desastre o la exclamación «¡no puede ser!», quizá pueda ser la más dolorosa en nuestra vida. La verdad es que tenemos horror a que todo lo que hemos edificado se acabe, pero de pronto puede ser así. Un segundo en nuestra vida puede darnos un giro abrupto, un cambio de sentido que nos desvía la mirada hacia otro lado. Perdemos el enfoque de nuestra vida actual de tal forma que empezamos a descubrir y ver lo que antes no.

Al respecto contaré una historia. En el 2017 pasó el huracán María por Puerto Rico. Tengo unos buenos amigos viviendo allí. Déjame te doy un poco de información para poderte poner en el escenario de lo que sucedió. Mis amigos, ambos son médicos y han tenido mucho y mucho trabajo, son tan buenos administradores que les ha permitido vivir muy bien. Viven en una zona residencial y gozan de manejar un *Porsche*, así que, si eres hombre, ya sabes que con eso te digo todo. Pero cuando pasó el huracán, el desastre llegó por todos lados: se cortaron las comunicaciones, no había energía eléctrica, algunos perdieron sus hogares, lo cual obligó a todos los vecinos del fraccionamiento a salir de sus enormes casas... Una fogata ardía fuera del fraccionamiento, vecinos que por años habían estado allí se conocieron. Por primera vez, los niños estaban jugando. Ahora sabían los nombres de sus vecinos, cada quién supo a qué se dedicaban. Así que, créeme, si el huracán no hubiera pasado por allí eso no hubiera ocurrido.

Lo que nosotros catalogamos como desastre no es nada, nomás que una oportunidad obligada, donde solo tienes la opción de renovarte o renovarte. Cuando todo desaparece se obliga a empezar de nuevo. Aunque no solo eso, lo más grandioso es que cuando aparecen este tipo de circunstancias hay un instinto natural de mirar hacia arriba, de encontrarte con aquello que verdaderamente es necesario en nosotros. Hablo de conocer a Dios de una forma sobrenatural, una forma en la cual donde vivías no era posible conocerlo, porque había fortalezas o sustento económico o personas en tu vida que te daban cierta «seguridad», pero en medio de un desastre, en donde aparentemente quedas totalmente vulnerable, es un sentido, una forma en la cual tu escenario de vida necesite un milagro. Estoy seguro de que en medio de este trayecto habrá lágrimas, las ganas de vivir muchas veces vuelan al viento sin sentido, pero, en medio de esto tienes una de las oportunidades más grandiosas. No veas de otra forma lo que ha sucedido. De hecho, es muy probable que sientas que lo has perdido todo, pero no, ha quedado lo que verdaderamente produce, como en un incendio que arrasa con todo tipo de flora y fauna, pero no se ha acabado todo: queda la tierra, aquella que produce la flora donde vive la fauna.

En medio de un desastre no se ha acabado todo. Puedes tener agua, pero sin tierra será imposible producir; puedes tener semilla, pero sin tierra es imposible producir; por esto queda la tierra de tu alma aquello que es capaz de producir. Cuando iniciaste tu vida, tu alma no tenía nada, ahora está dotada de cosas indestructibles, como experiencias y fe. Has dejado cierto de grado de ignorancia, sabes qué cosas te hacen bien y reconoces bien aquellas que te pueden dañar. Ahora tu tierra producirá con mayor fuerza y prontitud.

En la Segunda Guerra Mundial, Japón tenía un poder bélico impresionante que hizo frente a los Estados Unidos y sus aliados. Sin embargo, fue con su derrota en 1945 cuando parecía que Japón había perdido todo en medio de casi 250 mil muertos, cientos de enfermedades por la radiación nuclear, miles de metros cuadrados destruidos...   Pero en nuestros días Japón representa la tercera economía mundial. La tecnología y el arte combinados los representan. Quizá Japón no habría podido descubrir la capacidad que ahora tienes siguiera centrado en sus capacidades bélicas que, aunque su ejército es impresionante, no cabe duda que encontraron otras formas de conquistar. Sus productos tienen una singular presencia en el mundo. Marcas como Toyota, Isuzu, Nissan, Sony, Panasonic, entre otros, que estoy seguro de que muchos de nosotros tenemos al menos alguno de sus productos.

Sin duda, un desastre representa una oportunidad, pero no en todos los casos. ¿Por qué? Porque eso depende de una decisión. O tienes una gran oportunidad ante ti o tienes la derrota ante tus narices. Pero hay algo importante que debo recalcar, escríbelo en tu mente, la oportunidad que ofrece un desastre en tu vida, el dolor que ocasiona es mucho menor que el placer que te va a dar después de descubrir lo que hay después de experimentarlo. Solo sigue adelante. De hecho, es mucho mayor que el placer que tenías antes del desastre, antes del colapso. Quizás haya llegado a tu vida un desastre repentino, tal vez una enfermedad, tal vez de pronto te despidieron del trabajo, hiciste un mal negocio que te llevó a la quiebra, tu pareja sentimental te abandonó, un accidente cambió tu estilo de tu vida... ¡no te rindas! Si algo o alguien te quitó «tu éxito» da gracias, porque ahora te permitirá ver los éxitos futuros. Algo nuevo te dejó para descubrir, no es el final, es un nuevo inicio, una capacidad dada para poder ver de forma como nunca lo habías visto.

2. Desastre gradual

Al principio de este capítulo comentamos acerca de los desastres naturales. Algunos de ellos son repentinos, como un terremoto. En una ocasión viajé a la Ciudad de México y, como te había comentado, en donde vivo no existen los temblores (al menos hasta hoy), por lo cual para mí fue una experiencia nueva. Descansábamos mi familia y yo en un hotel en la gran urbe cuando de pronto siento un ligero movimiento y mareo. Al principio pensé que se trataba de una reacción de mi cuerpo, pero cada vez se hacía más intenso. «¡Está temblando!», grité a todos.

Cuando miramos hacia las ventanas observamos cómo los postes de energía eléctrica se sacudían como delgadas varas. Te confieso que me asusté mucho, por lo que escuchas en las noticias después de que sucede un temblor en algún lado. Pero, ¿cómo prepararte ante algo repentino? A mí nadie me avisó de que ese día iba a temblar. Quizá de haberlo sabido no hubiera viajado, por lo que de lo repentino lo único que te queda es afrontarlo, así como explicamos en el tema anterior. Pero también existen desastres naturales, como una sequía, sabes que eso no sucede de la nada, no es algo como que ayer ya no llovió y mañana ya no hay agua ni forma de vida. La sequía es un desastre lento y a veces puede ser casi imperceptible, pero altamente letal. Como Ciudad del Cabo, en Sudáfrica, que ha sufrido una de las más grandes sequías. Junto con el crecimiento demográfico han provocado una de las crisis urbanas más drásticas del mundo en las cuales ha sido necesario el racionamiento del agua, limitándolo a 25 litros diarios (el equivalente a un baño de cuatro minutos) en una ciudad con más de cuatro millones de habitantes que hacen largas filas para obtener agua, rodeados de guardias armados para recoger sus pequeñas raciones como si protegieran un arsenal de diamantes.

Pero no solo sucede en el medio ambiente, también existen sequías del alma, aquellas en las que de pronto la vida deja de tener su lluvia de alegría o de satisfacción. Acostumbrados a que llegara a tiempo y de forma abundante, de pronto nos encontramos en que pasa toda una temporada sin llover y luego viene una pequeña llovizna que nos alegra el alma, pero no satisface nuestras necesidades. Claro que no nos damos cuenta de ello, porque todavía quedan reservas de las lluvias anteriores. Aun las presas emocionales tienen los niveles para abastecer un poco para cosechar unas pocas de satisfacciones de manera más artificial que natural, como en lo natural también el agua almacenada no es tan rica como el agua de lluvia. Hay momentos en que debemos tener la percepción de que no llueve en nuestra vida como antes; ya no ríes igual y las cosas que te provocaban satisfacción han disminuido y esto te puede llevar a una crisis, igual que a los habitantes de Ciudad del Cabo. Los valores pueden cambiar. Cuando aquellos protegían otras cosas y no disfrutaban del bien del agua, ahora se ha convertido en uno de sus más grandes valores. Ya no abusan de su uso, ahora lo cuidan. Aun así, ese cuidado no es suficiente, perdieron el equilibrio.

De igual forma nosotros abusamos de muchos bienes que tenemos en abundancia, como la salud; o nos alimentamos de manera abusiva, desvelamos nuestros cuerpos, los sometemos a ritmos de vida exhaustivos, abusamos de quienes nos aman... Damos por sentado que aquellas personas que nos aman (el cónyuge, los hijos, los padres y los amigos) lo tienen que hacer y no cuidamos detalles, de hecho, ni los disfrutamos muchas veces. Los años se avasallan sobre nuestra vida y no nos damos cuenta de que la sequía del corazón ha avanzado hasta el punto en que algunas de las personas que amamos se despiden de nosotros: Los hijos abandonan el nido cuando no hace mucho los cargábamos en brazos, o cuando preguntaban cuestiones imprudentes y no les dimos la atención necesaria. Ahora deseamos un baño de su compañía cuando apenas nos quedan 25 litros de amor por solo cuatro minutos, cuando entonces había oportunidad de disfrutarlos en cama o en una sobremesa de risas. Habrá un momento en el cual solo tendrás una llamada de unos minutos para solamente saludar.

Un desastre repentino es algo que está fuera del límite de tu conocimiento, pero un desastre gradual es algo que está en tus manos. El desastre repentino te da la oportunidad de renovarte, pero un desastre gradual es la consecuencia de no renovarte. Es provocado por nuestras caprichosas formas de vida, por nuestras egocéntricas formas de ser, por creer que todo lo que tenemos a nuestro alrededor está allí para tu propia satisfacción y se potencializa más en las cosas que abundan hasta el punto en el que ya hemos perdido el equilibrio. Se da un desbalance tal que es difícil revertirlo. Lo que tenía gran valor deja de tenerlo y de lo que dábamos por hecho nos tendremos que conformar por una pequeña ración. Volviendo a la Ciudad del Cabo, dice David Olivier, investigador adjunto en el *Global Change Institute* de la Universidad de *Witwatersrand,* Sudáfrica: «El problema básico es el tipo de estilo de vida que tenemos. Hay casi un sentido de tener derecho a consumir todo lo que queramos. La actitud y la reacción de la mayor parte de las publicaciones en los medios sociales es la indignación. Es el decir: 'pagamos nuestros impuestos' y, por lo tanto, deberíamos estar tan cómodos como sea posible».

No es un problema solamente del agua, ni tampoco es que sea solo de los africanos. El problema del ser humano es como dice Olivier: «tener derecho a consumir todo lo que queramos». Y, por cierto, cuando acabamos con todo, comúnmente culpamos a los demás, al gobierno, al amigo, «me ofendieron», «no me tomaron en cuenta»... y varios tipos de argumentos en donde tratamos de deslindarnos de la indiferencia que le damos a las cosas que verdaderamente importan. Amigo, amiga, podemos buscar las cosas nuevas, pero hay cosas importantes que no debemos dejar ir, que no debemos dejar escapar, aquellas que tenemos que renovar y poner atención. Cuida lo que en verdad tenga sentido, aunque sea muy abundante.

¿Cuándo los habitantes de Ciudad del Cabo iban a pensar que se iba a acabar el abundante líquido? Lo imposible, lo que se veía como ciencia-ficción, hoy es una realidad en esa metrópoli. También en nosotros aquello abundante que gozamos en un momento se puede terminar. El cuidado sobre lo que tienes será siempre la base de lo que obtendrás. Por lo tanto, no esperes a que un desastre gradual aborde tu vida cuando puedes prevenirlo.

«Un desastre repentino te da la oportunidad de renovarte, pero el desastre gradual es la consecuencia de no renovarte.»

Siempre oportuno...
Detecta un desastre repentino y uno gradual en tu vida y sus consecuencias.

V

UNA VARA SECA

Costa Rica es un país maravilloso. En mi experiencia al visitar ese país, la gente en su mayoría es amable y optimista. Tan solo su frase «pura vida» hacen entrever lo importante que es disfrutar cada momento. No sé si es un esquema cultural o filosófico lo que hace a la gente así, pero algo que pudiera influir es su entorno y la gran biodiversidad de fauna y flora. Esta nación se asienta en uno de los lugares más biodiversos del planeta, especialmente en flora. Puedes observar caprichosas formas, diversos colores y matices. Con sus colores, árboles y plantas que dan un toque de tranquilidad. Los enormes jardines que se colocan dentro de los grandes edificios son necesarios para provocar ese toque de vida. Los urbanistas conocen la importancia de los parques en las ciudades, parques hermosos resaltan sobre los grandes rascacielos. No hay cosa más linda que encontrar una buena sombra bajo un frondoso árbol en un día de calor, inspiración de las aves para cantar sus hermosas melodías. Hasta a nosotros nos hace ponernos poéticos o románticos, nostálgicos, alegres... De alguna forma, el verde se convierte en parte de la vida y símbolo de nuestro bienestar.

Cuando una planta muere pierde algunas características, pero adquiere otras. En primer lugar, pierde su maravilloso color; también cambia su composición, como su textura, su peso o su olor. Se vuelven un buen combustible al tener menor resistencia a quemarse, también cambia su elasticidad hasta el punto en que algunas se vuelven frágiles y quebradizas y otras rígidas y resistentes, según el tipo de planta. De cualquier forma, la planta sigue allí, no ha desaparecido, simplemente cambió. ¿Por qué? Aquello por la que era alimentada simplemente desapareció, su raíz enfermó, la tierra ya no tenía los suficientes nutrientes, no había agua u otras plantas de mayor capacidad le robaban lo necesario para absorber lo que necesitaba de la tierra. En suma, esto señala que el ciclo de la planta ha cambiado, por lo que su uso es diferente.

En tiempos antiguos las varas eran utilizadas como símbolo de autoridad. La portaban emperadores y jueces. Fue la insignia en las escuelas de gladiadores y también de los praecones (heraldos que acompañaban a los sacerdotes y magistrados en la liberación de esclavos). Por mucho tiempo fueron usadas como instrumentos de castigo de reos o personas enjuiciadas y sometidas a un determinado número de golpes, considerado como uno de los castigos no mortales más dolorosos. También era utilizada para el sometimiento de animales y esclavos.

La historia más antigua que se registra del símbolo de autoridad de la vara fue en los tiempos de Moisés. El patriarca, antes de serlo, fue enviado por Dios para liberar a sus hermanos hebreos del sometimiento de los egipcios por 400 años. El punto es que Moisés utiliza como símbolo de autoridad ese objeto, porque fue el instrumento que Dios usó para realizar los milagros. Estos iban desde hacer que la vara se convirtiera en víbora, transformar un río en sangre, provocar plagas de ranas, moscas, langostas, piojos, muertes de ganado, lluvia de granizo, entre otras... Hasta abrir un canal de paso por el mar para que los hebreos pasaran a través de él, así como vencer al ejército egipcio (el más poderoso en ese tiempo), dejándolo sepultado en medio del mar cuando intentaron pasar en persecución de los hebreos. Los dichos de los demás pueblos a los contornos de lo que estaba sucediendo comentaban cómo es que los hebreos, siendo esclavos, habrían podido dominar a la potencia mundial de esos tiempos. Rápidamente, corrieron los rumores de que un hombre podía hacer todo tipo de obras sobrenaturales a través de una vara, por lo que este hombre provocaba no solo temor, sino respeto y autoridad. Años después, el pueblo hebreo cambiaba de una cultura de esclavos a una de nación, en la cual se requerían de leyes y organización, para lo que se organizó al país por tribus, en donde a cada una de ellas le fue asignado un jefe. Pero como ocurre en muchas ocasiones, hubo un altercado por el poder, por el primer nivel de autoridad, para lo cual Dios dio instrucciones que se le diese una vara a cada jefe, con el nombre colocado en cada una de ellas, y se pusiere en frente del arca del pacto (lugar en donde se encontraba la presencia de Dios). Al siguiente día Moisés entró por las varas y esto es lo que encontró:

> Y aconteció que el día siguiente vino Moisés al tabernáculo del testimonio; y he aquí que la vara de Aarón de la casa de Leví había reverdecido, y echado flores, y arrojado renuevos, y producido almendras
>
> Núm 17:8

No es que la vara tuviera poderes (como con Harry Potter). La vara simplemente era un instrumento común, inerte, símbolo de que Dios estaba del lado del portador. Pero ahora Dios lo había hecho un poco más interesante. Sí, les dio autoridad (varas) a los doce jefes de las doce tribus, pero solo en una iba a suceder algo extraordinario.

1. Reverdece

Una vara es la extracción de una parte de una planta o árbol. Puede ser cortada de las ramificaciones o bien arrancada de la raíz. La vara es precisamente como nuestra vida. La vara no existió siendo vara, pasó por un proceso para conformarse en ese estado. Justo nuestra vida inicia de esa manera. En un momento la semilla germina, nos abrimos paso al umbral de la vida. Nuestra vida empieza con crecimientos enormes. Los colores en nosotros se vuelven cada vez más intensos, pero hay un punto en nuestra vida que se acaban los nutrientes que daban crecimiento y color. Los nutrientes de la inocencia del niño o sabiduría del niño (no sé cómo podemos catalogarlo, porque en cierta forma la manera de vivir la vida de un niño es mucho más placentera que cualquier adulto con todas las condiciones de «éxito»).

El desprendimiento del suministro de nutrientes comienza cuando enfrentamos la vida con actitudes egoístas o con crisis de estrés, de ira, con estándares altos por parte de nuestros padres, primos, amigos... lo que sea que nosotros admiremos y que no podamos alcanzar. Esto va creando en nosotros una frustración, malas decisiones, rendirte antes de tiempo... todas esas cosas hacen que nosotros nos desconectemos de los nutrientes que le dan sentido a nuestra vida. ¿No les sucede lo mismo a las plantas? La raíz es la parte de la planta encargada de absorber los nutrientes de la tierra; igualmente nuestra alma tiene la capacidad de absorber los nutrientes del sentido de nuestro vivir.

Lo podemos aclarar de esta forma: ¿cómo se explica usted que un niño agreda a otro niño jugando, pelean y hasta pueden golpearse, pero tan solo unos minutos y toda aquella agresión desapareció? ¿No son los nutrientes del perdón y de la empatía que emanan de la «inocencia» logrando ahogar el ego de la agresión? Un niño es como una planta. Nada se le parece a la sonrisa de un niño. Recuerdo a un compañero que cuando reía se llevaba la mano a la boca para cubrir sus dientes, tan solo porque estaban un poco fuera de su lugar. Pero también recuerdo a mis hijos cuando eran bebes reírse con un diente arriba y otros dos gigantes abajo, pero ellos no se preocupaban por cubrirse la boca. La sonrisa de un niño carece de límites; sabe reír con sus brazos, sus ojos, su nariz...

¿Has visto a un bebé dormir? Muchos de los papás primerizos se asustan cuando no oyen respirar a su bebé. Hay tanta paz en ese descanso que es cubierto por un silencio de paz. Nada causará tanta ternura y paz como ver a un bebé dormir. Pero no solo el dormir. Toda su vida y todo su mundo absorbiendo los nutrientes de la vida, su curiosidad y su asombro, tal como lo habíamos comentado en los capítulos anteriores.

Pero hay una edad o circunstancias en las que poco a poco nuestra vida empieza a sufrir una transformación. El agua del asombro fluye con menos frecuencia, los nutrientes de la diversión empiezan a dejar de fluir, alguna que otra raíz de un árbol espinoso nos roba los nutrientes de la tierra... El aspecto de nuestra vida empieza a perder su color y su textura, hasta que llega un punto en que toda aquella hermosura con la que fuimos creados se ha secado al punto de que la planta sigue existiendo, pero ha cambiado su forma. Sigues viviendo, pero tu propósito cambió. Tal vez estabas destinado a dar oxígeno, a dar sombra, a dar fruto o a llenar un lugar de tu fragancia natural. Pero, de pronto, estamos convertidos en varas para ser el instrumento de otro, para formar parte de una estructura inerte, cuando antes formábamos parte de un ecosistema.

Muchas veces abandonamos nuestras vidas para ponerlas en manos de otra persona. Tú entiendes de lo que estoy hablando. Tal vez conozcas a un amigo que entregó su corazón y renunció a ser él mismo y se convirtió en la vara de alguien. Quizás las circunstancias te indujeron a que te convirtieras en la vara de un sistema económico o tú tal vez renunciaste a ti mismo para convertirte en la vara de tu empresa (aunque déjame decirte que una empresa, si lo comparamos con un jardín, el éxito está en las plantas que producen, no en las varas que rodean el jardín haciendo la función de un cerco). Tal vez también renunciaste a ti mismo para convertirte en la vara de una religión o para convertirte en la vara del grupo de amigos de la escuela. Ahora simplemente eres usado, ya no hay nada de ti para dar. Pero déjame aclarar esto. La palabra clave que estamos mencionando es «renunciaste» y fue bajo tu propia decisión, pues nadie te llevó a renunciar a la fuerza. Pero ahora, en tu función de vara, ya no hay mucho para dar, dependerá de quién tiene el control de esa vara para su uso. Yo no sé actualmente para que está siendo usada, si sea para golpear, si para soportar, pero una cosa tienes que asegurarte: si quieres que algo nuevo suceda en ti, tienes que entregarte a la persona indicada. Permíteme explicarlo desde la siguiente perspectiva.

La vara era el símbolo de autoridad. La vida deja de tener sentido si perdemos nuestra autoridad. En simples palabras, perder la autoridad es perder la facultad de decidir. Cuando escuchamos la palabra autoridad, nuestra mente lo asimila inmediatamente a un cargo político de gran peso, con una gerencia de una empresa importante o con alguien de gran poder económico. Pero, la autoridad viene en paquete en nuestra vida. Desde que el bebé nace, si le das algo que no le gusta, él acude a su facultad de decidir y lo expresa a través del llanto. La autoridad es lo que también llamamos como libre albedrío, esa capacidad que nos hace diferentes de todo lo que existe en este mundo, aquello que nos hace semejante al Altísimo (Génesis 1:26). Esa facultad nos da la capacidad de creer o no creer en Dios. ¿No es curioso que Dios nos haya dado esta facultad? Claro está que Dios quiere una relación de decisión, no una relación de esclavos o por conveniencia. Nadie quiere un cónyuge a la fuerza o por conveniencia; lo quieres porque te comprende, te ama, tienen sueños semejantes...

Es por eso que fuimos creados con la facultad de decidir, pues es la misma esencia de Dios sobre nosotros, de suma importancia ante la vida. Déjame decirte que en ningún momento ni circunstancia te podrán quitar esa facultad de decisión, a menos que tú lo cedas. No quiero decir que si has pasado por circunstancias donde has sido avergonzado, has pasado por agresiones físicas, por accidentes o cualquier otra cosa, es natural que se generen ciertos temores, pero será tu decisión dejar ir a esos temores. Permíteme darte este ejemplo sencillo. Yo sufrí un accidente de una explosión con vapor de gasolina, por el cual sufrí quemaduras de segundo y tercer grado en brazos, cara, espalda y algunas partes internas cuanto traté de respirar al momento de la explosión. Es una experiencia física muy fuerte. La recuperación es lenta y muy dolorosa. Con el tiempo todo sana, pero cada vez que tengo que encender la chimenea en casa, una estufa, el calentador de agua o el asador de carne, cosas habituales, hay algo que siempre pone un freno dentro de mí. Podría hacer dos cosas: jamás volver a tener contacto con el fuego o enfrentar ese temor una y otra vez.

El precio de no someterme ante una circunstancia es enfrentarme al temor. Y exactamente esta es la palabra clave para ceder nuestra autoridad: *temor*. Recuerde cuando éramos niños. Si usted tenía hermanos o primos y hacían una travesura por allí, tal vez tomabais el tarro de dulces que estaba prohibido a menos que papá o mamá os lo dieran. Así, un día te pones de acuerdo con tu hermano y deciden «hurtar» unos cuantos dulces. ¡Oh, qué error tan grave! Tu hermano te empieza a chantajear con el asunto. «Ahora ordenarás el cuarto», te dice tu hermano con voz segura, a lo cual contestas: «¿Qué?, ¿yo?, ¿por qué?». Tu hermano responde con su arma más poderosa: «Si no ordenas el cuarto le digo a mis padres que robaste los dulces».

Es sencillo, pero en pequeñas cosas podemos perder autoridad y cedemos ante el temor. Pero podemos pasarlo a niveles más serios. ¿Cuántas veces pasamos por alto abusos con tal de no perder nuestro trabajo? O la esposa golpeada no deja al marido por temor de no poder salir adelante con sus hijos sola; prefiere ceder y entregar su autoridad. O también entregamos nuestra autoridad al día a día, cuando la rutina nos ahoga y no podemos ser nosotros mismos, sino que estamos literalmente obligados a hacer ciertas cosas, porque en caso contrario nuestro sistema de vida puede colapsar sea emocional o económicamente. O en casos más severos, quizá cediste tu voluntad al alcohol o a las drogas, y quizá, incluso, seas preso de la avaricia. Cualquiera que sea la situación en que perdemos la autoridad de nosotros mismos;- date cuenta de que los nutrientes de la vida han dejado de fluir y te has convertido en una vara y alguien te tiene en sus manos.

Y aconteció que el día siguiente vino Moisés al tabernáculo del testimonio; y he aquí que la vara de Aarón de la casa de Leví había reverdecido, y echado flores, y arrojado renuevos, y producido almendras

Núm 17:8

Lo que Dios te propone es regresarte tu verdadera autoridad, y no como la vara de Moisés que se convertía en víbora y abría el mar. La vara de Moisés representa la relación del hombre con Dios, pero sin la gracia. Es decir, puedes hacer cosas poderosas y grandiosas, pero no existe transformación alguna, no existe el reverdecimiento. Sin embargo, la vara de Aarón, la que estaba delante del tabernáculo (lugar donde se hacía el sacrificio del cordero, el cual era una tipología de que un día Cristo vendría a morir por la humanidad), representa la relación con Dios a través de la gracia, y es entonces que la vara regresa a su esencia natural a reverdecer.

Una de las evidencias que se perciben a través del sentido de la vista es un cambio de color. La vida es visible en el tono de piel de tu alma. Todos percibimos cuándo vemos una vara seca y cuándo una rama con vida. Mi estimado lector, no sé si has perdido tu color ohas perdido la sonrisa que te caracterizaba, aquella que amenizaba las fiestas con tus ocurrencias, aquelal en que la creatividad brotaba de manera natural. Algo ocurrió y aquello que te caracterizaba se secó. Quizás es tiempo de que tu vida tome nuevamente su color, que reverdezca.

2. Florece

La vara de Aarón no solamente retomó su color, sino que también floreció. La flor se caracteriza por sus colores diferentes al tronco que le da un contraste de no solamente vida, sino de belleza dentro de la vida. Justamente eso debe de ser el diario vivir de todo ser humano. No se trata tan solo de existir. La vida requiere de un toque fino, de colores, formas, variedades, así como las flores dan a las ramas no solamente la evidencia de vida, sino también una atracción natural a mirar, a contemplar, y un poco más allá. No solamentepasan por el sentido de la vista, también afectan otro sentido, el del olfato. Aun distraídos ante el entorno, todos en alguna ocasión hemos sido atraídos por un olor que invade el ambiente. De esa manera buscamos la flor que lo despide y podemos experimentar la belleza visual. Comúnmente la experiencia con cosas nuevas tiene que ver con lo que nos ofrecen: artículos nuevos, novedosos tratamientos médicos o de belleza, recientes atracciones, modernos parques temáticos, nuevas modas, flamantes lugares turísticos... En nuestra mente hay una condicional que dice que para experimentar algo nuevo, lo tienes que recibir de tu entorno. Sin embargo la experiencia de lo nuevo comienza por crearlo en ti mismo y darlo a tu entorno.

La vida es para vivirla, y para vivirla hay que aprender a aportarle. La vida se compone no solo de ti, sino del aporte de cada uno de nosotros. Necesitamos de tus flores y de tus fragancias que invadan el ambiente. Si pensamos en hombres que revolucionaron una nación a través de su sed por la victoria, por un país mejor para sus hijos, hombres como Winston Churchill, (clave del imperio británico para derrotar al ejército de Hitler) sus frases, sus ideales, su entrega, su inteligencia, sus discursos que llenaban de ánimo y coraje a un ejército maltratado y herido durante la Segunda Guerra Mundial..., Las flores de Winston Churchill inundaban los corazones de todo el mundo, el aroma de la victoria daba no solamente esperanzas, sino nuevas fuerzas. La creatividad empezaba a fluir dando vida en medio de la muerte. Cuando alguien elogió a Churchill describiéndolo como *El León Británico*, él, modestamente, pero con una impresionante sabiduría, contestó: «El león británico fue el pueblo, yo solo di el rugido».

Mi amigo, no tienes que cambiar el mundo tú solo —o tal vez sí— pero puedes dar algo de ti. Los lugares donde hay un solo tipo de planta son bonitos, pero cuando te encuentras paisajes con diversas plantas, flores, formas, y fragancias, se vuelve algo maravilloso, algo de ti, algo de mí. Pero saca tu esencia. Lo que hagas hazlo con pasión, con entrega. Puedes ser un maestro y enseñar simplemente a tus alumnos, pero si entregas de ti, si das de tus colores y tu fragancia, estarás aportando a la biodiversidad de la vida. De igual forma una enfermera, un doctor, un abogado, los ingenieros y arquitectos, bien profesionista o no, Dios te ha dado un ADN capaz de producir colores y fragancias diferente. El punto es que se trata de dar, de aportar, de descubrir algo grande o pequeño. No importa si salió de ti y beneficiaste a otros con tu esencia, no importan las circunstancias de vida, tampoco el estatus social o económico, todos podemos aportar, todos debemos aportar, mi querido lector. Cuando termines de leer este párrafo, no lo dejes como una lectura más. Piensa en algo que puedas aportar el día de hoy. Piensa quién eres y en quién te quieres convertir. Pero para saber en quién te quieres convertir, no pienses en lo que quieres adquirir, sino en lo que quieres aportar, porque lo que adquieres define tus gustos, pero lo que aportas define quién eres. Al descubrir algo que puedas aportar estará brotando de ti una flor, un color, una forma, una fragancia. Es tiempo de florecer.

3. Renuevos

La vara de Aaron no solo reverdeció, sino que floreció y también arrojó renuevos, es decir, extensiones de la misma planta que van del tallo ramificando de un lado al otro hasta producir en la punta botones que en un punto se convertirán en flor. Cabe mencionar que el botón es la parte más joven de la planta y que el tallo sirve como la vía de circulación del agua y los nutrientes de la tierra hacia las ramificaciones. Guarda en tu memoria este dato mientras avanzamos.

Tal vez lo viviste, o lo viste en alguna película o serie, o bien tal vez lo experimentaste de otra manera; pero la desilusión detrás del esfuerzo es una de las experiencias de las que dejan secuelas. Sabe dejarnos alerta para no volver a repetirlo, o bien deja pequeñas heridas o roba el entusiasmo. Permíteme expresarlo con este ejemplo: una esposa se esfuerza en un día especial para preparar algo que va más allá de lo habitual para cenar.Acomoda la mesa, saca los manteles más elegantes de tal forma que el lugar quede diferente, cálido y romántico; las velas no pueden faltar; los alimentos son cocinados con tal cuidado y emoción como si fueran preparados por un chef famoso; rápidamente las expectativas empiezan a levantarse. «¿Qué cara pondrá después de ver esto? ¿Le vendaré los ojos antes de entrar o apagaré la luz?». La emoción empieza a subir mientras se acerca la hora probable de llegada del esposo.

El aroma de la recámara es muy agradable, la prendas de vestir han sido cuidadosamente seleccionadas, la luna se posicionó justo en la ventana que está en frente de la impresionante decoración de la mesa; pareciera que el universo festeja junto con ellos. ¡La noche es perfecta! Solo hay un pequeño detalle: han pasado ya 15 minutos después de la hora de llegada del esposo. Ella podría pensar: «Tal vez el tráfico está pesado». Pero después de media hora más, los sentimientos empiezan a sufrir movimientos, solo movimientos, aún no empieza la turbulencia.

La preocupación empieza a asomar junto con un sentimiento de sospecha y un poco de enojo. Ella toma su celular y escribe un mensaje: «¡Hola!, ¡te extraño! ¿Está todo bien? No has llegado a casa». Después de un minuto de espera la turbulencia sentimental ha comenzado. Se oye el sonido característico del arribo del mensaje, toma rápidamente el teléfono y encuentra un mensaje tierno y cariñoso. «Hola, mi amor. Vine con Jorge. Estamos jugando un partido de billar y platicando un rato. Salí muy estresado del trabajo y quise despejarme un momento. Dentro de poco estaré por allí». Y el mensaje final detonante: «¿Se te ofrece algo?».

Si eres mujer tal vez estés pensado: «Es un estúpido». Si eres hombre tal vez digas: «No es para tanto», «no es cierto», «es broma»...La realidad es que podemos calificarlo como desconsiderado, desinteresado, no vale la pena... Piensa en todos los calificativos que se te ocurran. Y no solo las mujeres sufren este tipo de decepciones. Todos experimentamos en cualquier momento al poner el extra en el trabajo, el limitarnos de algunas cosas para hacer un bien en favor a alguien, el cual ni siquiera tiene idea de cuánto te esfuerzas... Pero volvamos al ejemplo de este hombre que ha dejado plantada con la cena a su esposa. Es un ejemplo simple y tal vez sin trascendencia, pero hay otro tipo de circunstancias que verdaderamente son serias y que pueden dejar momentos no muy gratos en nuestra bóveda de recuerdos.

En realidad, cada uno de nosotros nos comportamos como este hombre al enfrentar la vida con simpleza, al no darle la importancia y el enfoque necesario a cada día de nuestra vida. ¿Por qué? Porque la vida es un concierto que comienza por los latidos del corazón llevando sangre a todos los órganos vitales de nuestro cuerpo. La sangre pasa por los pulmones recogiendo todo el oxígeno posible por medio de los glóbulos rojos, que se forman como cientos de camiones de carga para repartirlo sobre nuestros órganos. Miles de funciones se activan: filtros que atrapan lo indeseable; ácidos gástricos dispuestos a convertir un montón de alimentos en otra solución para la extracción de proteínas, minerales, vitaminas; un montón de soldados llamados glóbulos blancos encargados de combatir a los gérmenes que atacan nuestro cuerpo; millones de sensores cubriendo la capa de la piel capaz de sentir los cambios de temperatura y de movimiento... Cada órgano tiene una compleja forma de funcionar, coordinado por una corteza cerebral, que aún mucha de ella es un misterio científico. Las conexiones sinápticas cambian en nuestro cerebro para aprender y memorizar. Todo aquí coexiste en un perfecto equilibrio que da como resultado una sensación de bienestar corporal. ¿Un hueso roto?, ¿una cortada?, no te preocupes, la ingeniería biológica lo repara.

El cuerpo es tan perfecto que los humanos estamos tratando de copiar el funcionamiento de este a través de la nanotecnología. El punto es que cada día que pasa hay un cúmulo enorme de trabajo para prepararte a abrir los ojos cada mañana y ponerte de pie. Es más que un concierto de una sinfónica, todo conducido bajo una logística perfecta. ¿Para qué? Alguien ya está poniendo el extra cada día. Tu cuerpo se prepara con gran emoción y esperanza de ver surgir algo nuevo en ti. La vida es más que solamente vida. Vida es todo un orden de cosas que pasan dentro de ti para aprovechar el momento en el cual estás viviendo. Un gran trabajo biológico y neurológico que se prepara para recibir la oportunidad del nuevo día. Así es, estamos hablando de que vivimos bajo una esfera de tiempo. En otras palabras, el vivir trae un tren de oportunidades, un carruaje enlazado uno a otro, oportunidad de crecer, cambiar ytransformar. La oportunidad de arrojar renuevos, es decir, crecimientos que extiendan tu esencia.

La vida es no solamente para que seas el concepto que has formado de ti; es para que extiendas lo que eres. Los conceptos que tienes de paternidad, de ser un ciudadano, un profesionista, un hijo, un artista, un deportista... pueden que estén limitados. ¿No crees que hay oportunidad de llevarlos a otro nivel? Si bien el concepto de ti mismo es lo que eres o en lo que te vas a convertir. Es decir, tu autoconcepto sería como el tallo de la vara que reverdece. Pero el asunto es que puedes echar renuevos, añadir más allá a tus conceptos de vida. Y aunque lo que hoy eres te ayuda a jalar los nutrientes desde la tierra o, literalmente dicho, del diario vivir hasta el punto de crear renuevos: extensiones de ti mismo que van más allá de tus pensamientos, más allá de tu cultura o religión.

Pero muchos de nosotros nos limitamos a solo ser y no aprovechamos la oportunidad de crear el nuevo ser. Lo que hoy somos solamente es el canal de nutrientes para poder crear el nuevo ser. Observemos esto, considera el récord que hay en la carrera de los cien metros libres planos. Por años ese récord ha ido cambiando y ha sido roto. ¿Qué hace que un récord sea alcanzado y sobrepasado una y otra vez? Podríamos argumentar que hay más preparación y nuevos métodos, también la forma de alimentarnos ha cambiado y las tecnologías en la ropa y el calzado deportivo. Esto hace que una persona alcance a recorrer los cien metros planos en el menor tiempo posible. Pero, en realidad, no es eso. En realidad, todo esto que hemos mencionado es el resultado de la acción de querer romper el récord. La realidad es que lo que hace que se rompa el récord una y otra vez es exactamente el concepto. Aquí el concepto es un récord establecido por una distancia y un tiempo. Cada vez que el tiempo cambia, también cambia el concepto, lo que hace que tengamos acciones para nuevos alcances. Si no existiera el cambio de concepto tampoco existiría la nueva ropa deportiva, los nuevos zapatos ultraligeros; no existirían las nuevas técnicas de entrenamiento; no habría investigación en nutrientes que lleguen a los músculos y los fortalezcan de manera más eficiente. Todo eso se lo debemos a un cambio de concepto. Un récord le dio al deporte echar un renuevo, una nueva meta, nuevas emociones en las olimpiadas cuando se rompía alguna marca... Si todos hubieran pensado que ese era el máximo, el tallo del deporte hubiera perecido, pero no. Por el contrario, se echó renuevos y hoy tenemos mejores corredores que hace décadas.

Hablemos de los nutrientes que corren por el tallo. O bien hablemos de las acciones que corren por tus conceptos. Para desarrollar renuevos en tu vida, no solo es establecer un concepto y cambiarlo, es accionar a través de este concepto. Permíteme explicarlo de esta manera:En una ocasión nos invitaron a ser donadores para hacer un desayunador infantil, a lo cual mi esposa se ofreció como voluntaria para dirigirlo por un tiempo. El propósito por el cual se formó era para dar desayuno a los niños de bajos recursos. Ese era el concepto original: simplemente cocinar y darles alimentos a los niños. Funcionó muy bien, pero dentro de la dinámica de trabajo empezó a darse cuenta de que la necesidad de comida no era la única. De hecho, era la menor de las necesidades que se podían ver.

Una de esas necesidades es que muchos de esos niños no sabían leer ni escribir, y mucho menos podían trabajar en una labor comercial debido a que no sabían operaciones básicas. Ella rediseñó el concepto del desayunador, aprovechando el gancho que se tenía a través de los alimentos. Así que pensó en darles un tiempo extra enseñándoles algunas reglas sociales y de higiene básicas, junto con las de aprendizaje que ya mencionamos. Una vez hecho cambios se hizo necesario tomar acciones sobre el concepto. Ya no se requería solamente a la cocinera; ahora se daba la necesidad de contratar a una maestra, de adecuar y diseñar las formas en las que los niños tenían que aprender y de cómo hacerles atractivo el aprendizaje. La acción fue exactamente la que corrió por el concepto; entonces el proyecto había echado renuevos. Ya no solo era el tallo de darles alimento, ahora había echado un renuevo de educación. El primer renuevo permitió la regeneración de nuevos conceptos y formas de trabajar y de ayudar. Pero, observa, en medio del concepto es necesario que fluya la acción. Ahora en este ejemplo estamos hablando del concepto de un proyecto. Pero hay cientos de conceptos que forman parte de nuestra vida.Aunque estos se formen en nosotros por medio de la influencia externa, sea que alguien nos los enseñe o lo aprendamos a través de las circunstancias, cualquiera que sea tu concepto de vida (o de operación de vida) estos tienen la peculiaridad de poder ser transformados.

Da gracias por lo que hoy eres (el tallo), pero hay que extender y alcanzar más allá que los estándares que tienes en tu mente. Tu cuerpo, tu cerebro y tus células están dando lo mejor de sí día a día. No seamos como este hombre al que su mujer preparó todo para disfrutar una buena cena, un buen vino, música y un baile romántico durante la noche, todo para ese día especial. Para tu cuerpo, ese día especial es el día en que puedes abrir los ojos en la mañana. Una vez abiertos será tu decisión enfrentar la vida con quejas e incertidumbres, o bien bailar el vals de la vida al ritmo de tus conceptos y acciones.

«Lo que adquieres define tus gustos, pero lo que aportas define quién eres.»

Aportar...

Para saber quién eres o en quién te quieres convertir, medita sobre lo que quieres adquirir y qué es lo deseas aportar a tu entorno.

¿En qué cosas me hace falta tomar decisiones determinantes?

¿A qué estoy cediendo mi autoridad?

¿Qué tienes para aportar?

De eso que tienes: ¿Piensa en lo que quieres aportar?

¿Qué quieres adquirir?

¿Qué acciones me ayudarán a hacer un cambio?

¿Quién eres?

VI

EL FRUTO

El tallo no da frutos. Es en los renuevos en donde se posiciona el botón que un día se convertirá en fruto. Y recuerda que el botón es la parte más joven de la planta, aquello que nació después de todo un proceso. Y cuando hago hincapié en la parte más joven me refiero a aquello que es lo más nuevo en nuestra vida.

Observemos las etapas de un negocio. Primero se crea la idea, luego se hace el cálculo de la inversión económica y la estructura laboral, para luego ponerse en marcha. Durante la etapa de arranque se requiere no solo la jugosa inversión inicial, sino una energía impresionante de atención en los detalles y de persistencia. En esta etapa, si observamos los rostros de aquellos que gestan el negocio, podemos ver caras de emoción, de esperanza, de concentración, de deseo, de reto y de obstáculos por vencer. Pero también hay una antitética combinación de temor, de cansancio, de incertidumbre, de cambios y de aprendizaje, en donde aplicamos la experiencia y adquirimos más experiencia. Y aunque es emocionante, una persona no puedeseguir adelante por toda la vida sin ver algún fruto de lo que está haciendo.

No he visto mejor cara que la de una persona que ve el fruto de su trabajo y disfruta de él (porque hay una diferencia entre ver el fruto y saber disfrutarlo). Porque detrás de esto se sabe que hay una inversiónde una serie de cosas y situaciones que dieron como resultado el fruto de lo que estamos viendo y disfrutando. El fruto es la parte nueva de tu vida, la parte que todo ser humano requiere para disfrutarla. Sin esto no hay nada: no hay motivo para invertir, no hay motivo para trabajar y no hay motivo para esforzarse. El fruto es la esencia del enfoque de la vida. Literalmente, somos seres a la imagen y semejanza de Dios, por lo que la creatividad y la productividad son parte de nuestra esencia, desembocando en seres creadores. ¿De qué sirve un invento que no tiene uso? Si no tiene uso, no tiene utilidad y sino tiene utilidad no es un fruto.

Una mujer entiende perfectamente lo que es el fruto a través del embarazo. Los cambios hormonales inician, náuseas y malestares empiezan a surgir, así como cambios en el cuerpo: calor, frío, calor (creo que lo debo escribir junto: «friocalor»), hinchazón de pie... Todo para llegar al momento del alumbramiento: dilataciones en las caderas, gritos, fluidos, sangre, caras de horror, de coraje, de dolor, llanto en algunas ocasiones... hasta que sale un ser con los ojos cerrados, feo, arrugado y además llorando y demandando comida. De un momento a otro todo esto cambia cuando el fruto se coloca sobre su costado. El fruto cambia la perspectiva de lo que hay detrás del esfuerzo, es el que le da nivel a la balanza.

Pero el asunto es este: ¿te has preguntado por qué de pronto la vida es tan fastidiosa en ciertos momentos? Todo tiene su tiempo para dar fruto. El bebé requiere de nueve meses, las flores y las plantas requieren de su tiempo de formación y de crecimiento... Pero si ese tiempo pasa, el único fruto que estaremos cosechando es la muerte. ¿Por qué? Porque un bebé de más de nueve meses no puede permanecer dentro del vientre materno, porque un botón de flor es expulsado por la planta si no se abre a su tiempo. El fruto requiere de una formación, tiempo y condiciones específicas para obtenerse. Una de las técnicas que tenían los egipcios para hacer esclavos era ponerlos a trabajar y construir. Una vez que la obra llevara algún avance, se modificaba o se destruía para no permitirles nunca terminar, para que no vieran el fruto de su esfuerzo, hasta el punto en que ya no necesitaran motivación para trabajar; simplemente entraban en un mecanismo de trabajo sin razonamiento. Entonces ya estando en ese momento, eran esclavos excelentes, se convertían en robots biológicos.

Nuestra era está sufriendo algo semejante. Vivimos muchas veces como robots biológicos. La satisfacción es cada vez más lejana a nuestra vida. Los frutos que hoy obtenemos cada vez son más virtuales, y lo que vemos en nuestras sociedades son esclavos de nuestros propios sistemas. Las amistades son virtuales, las conversaciones son virtuales, el amor de pareja se ha convertido en relaciones virtuales... ¿Sexo virtual? Sí, así es, sexo virtual.

Mira, para adquirir los nutrientes necesarios no necesitas comer todo lo que comes. Simplemente podemos poner todo eso en cápsulas y así estarás disfrutando de una dieta balanceada, perfecta, sin grasas, sin bacterias dañinas y sin elementos que te hagan daño. ¿Pudieras hacer eso? Yo creo que no, al menos yo no, porque el comer es un disfrute que implica preparar los alimentos, comer entre ellos muchas veces bichos y bacterias, grasas, exceso de carbohidratos... para luego requerir de dietas y ejercicios. Pero eso es parte de la vida y de sentarte a disfrutar un delicioso corte, con una rica ensalada y un exquisito postre. ¿Qué tiene que ver esto con el sexo virtual? Es exactamente lo mismo. La generación de hoy ya no se esfuerza ni se arriesga a enamorarse, ya no hay conquista, no hay espera, ni promesas. ¿Crees que soy anticuado? Creo más bien que hemos perdido el arte de amar, por lo que también hemos perdido el disfrute del fruto. Lo hemos minimizado. Pensamos que amar está sujeto a lo que sentimos, pero amar es una acción que requiere disciplina y práctica. Entonces, y solo entonces, germinará un sentimiento comprometido.

La familia se encuentra actualmente en crisis. La tasa de divorcio está disparada. La gran mayoría (no podemos generalizar, porque hay muchos hijos que aprenden a manejar esta situación) de los hijos de esos divorcios estudian y viven con estrés entre confusión y tristeza. Eso genera personas menos productivas e inseguras. Es por eso por lo que en nuestras escuelas encuentras niños diagnosticados con déficit de atención dispersa, con hiperactividad y otro tipo de situaciones. Nuestra sociedad está formada por familias y las familias están formadas por parejas, parejas que se casan sin el fruto del amor. Nuestras sociedades se están deformando por causa de que no disfrutamos, de que suplimos el amor por el sexo, quitándole a esteel verdadero sentido de disfrute.

Y trato este punto por la importancia que tiene en las generaciones que nos preceden, ya que la generación actual perdió esa esencia de conquista, perdió la importancia de integridad y de guardar una parte especial para una persona especial. Piensa, ¿qué hace de una obra de arte algo especial?, ¿has visto una producción en serie por millones de unidades que sea llamada obra de arte? ¡Claro que no! El arte lo hace su exclusividad. Igualmente, el amar. Ahora el sexo se usa como un placer de producción en serie, cuando en realidad está diseñado para disfrutarlo como obra de arte. Pero, como toda obra de arte, requiere de esfuerzo, de amar, de soportar, de entender y, de lo que más carecenahora las parejas, de darse a sí mismo. No hay pareja en el mundo que sea compatible. Por el contrario, todos los seres humanos somos tan diferentes, lo que hace del matrimonio todo un reto y una aventura que puede ser muy disfrutable, pero tenemos que aprender a dar.

Cuando platico con parejas que están a punto de divorciarse, comúnmente escucho este argumento: «¡Tengo derecho a ser feliz!». Y justamente es eso lo que están haciendo, renunciando a su felicidad. Porque luego del divorcio se vuelven a casar para volver a fracasar por el mismo problema de no saber dar y de estar pensando que toda la vida se trata de nosotros mismos. Si eres joven te invito a que te hagas un artista, y que le dediques tu vida a la obra de arte que está por venir. Ofrécele tu exclusividad, tu temperamento, que es que lo que marcará la espera y la marcha. No es que sea arcaico, porque el amor no es moda: es el arte de convertir la parte humana en divina.

Lo mismo sucede con las amistades. Las redes sociales son maravillosas, pero son amistades virtuales. Y si bien es necesario y útil que los tengas, estas no suplen a una amistad verdadera. Porque en las amistades virtuales no puedes ver gestos o caras, no puedes sentir el abrazo o el rechazo, por lo que llegará un momento en que, como todo buen esclavo egipcio, ya no necesitarás motivación para chatear o para dar *likes*; simplemente lo harás porque lo tienes que hacer. Te repito, no estoy en contra de esto, digo que debemos tener un balance, de tal forma que podamos palpar el fruto de nuestras relaciones. Ningún emoticono suple un abrazo o el llanto sobre el hombro de tu amigo. El virtualismo nos puede hacer perder el sentido del fruto de la amistad y nos hará perder ciertas sensibilidades hasta esclavizarnos y no ver nada nuevo en nuestra vida. Si ves a un amigo triste por una red social, está bien, dale *like*, manda tu emoticono, pero también corre hasta su casa, dale un abrazo, siéntate, platica, sonríe, llora, llévale un pastel, compra una bolsa de papitas y vean una película... En suma, disfruta del fruto de la amistad.

Si bien el fruto de las relaciones familiares y de amistad son importantes, también agreguemos un factor muy importante, que es el fruto de lo que haces y desempeñas. Porque es cierto que hay momentos en nuestra vida, o hay etapas en las que podemos sentir que lo que hacemos y lo que producimos no es fruto. Observemos con atención. No quiero decir que no estemos produciendo, quiero decir que no estamos viendo y disfrutando el fruto respectivo.

En cierta etapa de mi vida me tocó cuidar una huerta de manzanos, y como todo fruticultor, quieres que tus árboles estén al 100%. Así que empezamos a utilizar unos nutrientes de gran calidad que habían llegado al mercado. A las pocas semanas de aplicar los fertilizantes, el árbol rápidamente cambió de apariencia: la hoja se veía frondosa y de gran color; los crecimientos eran impresionantes. Para nuestra sorpresa, el árbol solo crecía, se ramificaba, volvía a crecer, y volvía a ramificar; pero ¿y las manzanas? Al pedir asesoramiento profesional, se nos explicó que el árbol tenía exceso de nutrientes. Se provocaba tal energía y empuje que al árbol no le interesaba dar fruto, solo crecer. El punto es que no solo bastaba con ver crecimientos y los bellos colores.

El crecimiento y las ramificaciones son parte de la vida, como ya hemos comentado en las secciones anteriores, pero son solamente el medio, no el fin. A veces solo nos enfocamos en crecer y embellecer sin probar fruto, y esto es una de las cosas más esclavizantes en el sector productivo y empresarial, el crecimiento, porque este se da en dos sentidos. El primero se da cuando empujas para que el crecimiento se dé, pero una vez dado el crecimiento este te empuja a ti a seguir creciendo. Formando una dinámica en la cual no nos podemos detener. Provocamos una avalancha con pequeñas explosiones de acciones, para luego huir de la reacción que hemos provocado. Lo que muchos creímos que podíamos controlar, de pronto, nos damos cuenta de que provocamos reacciones mayores a lo que somos o a lo que nuestras capacidades puedan dar. Así que vivimos cargados de una sobrecarga de nutrientes en las cual estamos destinados a crecer y ramificar sin detenernos a ver el fruto de nuestro esfuerzo.

Si lo que vemos son grandes crecimientos y hojas muy verdes, pero sin el disfrute del fruto, entonces perdemos el disfrute de la vida, la salud, las relaciones familiares y las amistosas, por entrar en una dinámica de crecimiento sin control. Ten en cuenta que el fruto es lo nuevo y el ser humano necesita de nuevas experiencias. Probar el fruto de lo que hacemos cambia la forma de ver la vida. Si bien el crecimiento es muy importante, porque de allí se derivan la mayor cantidad de frutos, recuerda que el fin de esto no es reverdecer, no es florecer, no es ramificar; esto son solo medios para llegar a fructificar.

Lo podemos ejemplificar de esta manera. Muchas parejas cuando tenemos hijos, lanzamos todas nuestras energías sobre ellos. Porque tener hijos implica una inversión y, además, porque el padre desea darles lo mejor de la vida, la mejor educación posible, que disfruten del vestir, del comer, de conocer... Pero, en el esquema de proveer perdemos la esencia principal. En cierto momento de nuestra vida perdemos tal contacto que ni ellos saben quién eres tú, ni tú sabes quiénes son ellos. La dinámica cambió, la perspectiva se desvirtuó. Al principio tenemos el anhelo de amarlos y, de cuidarlos, por ello entramos en una dinámica tan fuerte de producción económica que nunca descubrimos sus talentos o sus anhelos, .Además, le restamos importancia a lo que para ellos es significativo en sus diferentes etapas. Estamos muy ocupados en nuestros asuntos de dar y nunca llegamos a conocer su corazón. Ciertamente conocer el corazón es el fruto que debemos dar a nuestros hijos. Las cuestiones de proveer son parte de las ramificaciones y del crecimiento, que son necesarias, pero no olvidemos que no son el objetivo.

1. El fruto define el nombre

¿Qué define el nombre de un árbol? Su fruto. Así, lo que define tu vida no es cuánto trabajes ni cuánto alcances; no es el reconocimiento ni tu cédula profesional; no es aquello que has hecho por tantos años, mucho menos lo que anhelas alcanzar. El fruto es aquello por lo cual eres reconocido. Si por algún momento sientes extraviarte en cuanto a la definición de ti mismo, o bien, tal vez pienses que estás en cierta posición de definición, un buen parámetro de saber quién eres desde un punto de vista exterior es poder enterarte cómo te definen quienes están a tu lado. Desde aquellos con los que tienes contacto casualmente (a los que llamaremos casuales) hasta los que están más allegados a ti (a los que llamaremos cercanos). Entre un punto y otro puede haber cierta diferencia, pero si queremos saber si tenemos una falsa opinión de nosotros mismos, si queremos saber que verdaderamente no estamos definidos, entonces habrá una gran discrepancia entre la opinión de los casuales y los cercanos. Una de las razones es porque en nuestra indefinición de lo que somos empezamos a trabajar en una imagen sobrepuesta de lo que no somos.

Nunca he visto un árbol que de manera natural en una parte tenga duraznos, en otras manzanas y por otro lado mangos y raíces de papa. ¿Qué definición tendría ese árbol? Ciertamente nuestras vidas pueden ser muy semejantes, en cuanto al fruto que estamos dando. En el trabajo podemos ser serviciales, atentos, creativos... y en la casa nos pueden conocer como lo contrario, como flojo, antipático, y desagradable. Este tipo de personas se han deformado y han hecho injertos en su vida tomando personalidades que lo corresponden. ¿Por qué ocurren los injertos? La razón es, porque lo permitimos. En vista de que no tenemos una definición propia optamos por tomar la de otra persona, pero en realidad lo único que causamos es una deformación de personalidad. Tomemos en cuenta que el dar fruto lleva un proceso de crecimiento, de echar raíces yde ramificación, pero tiene que llegar el punto de descubrir cuál es el fruto de nuestra vida. El problema es que envidiamos y anhelamos otros frutos que no estamos diseñados para dar y solo creamos frutos de imitación forzados biológicamente, o más bien dicho psicológicamente.　　Aquí es donde perdemos el deleite de la vida, porque en nuestro crecimiento nunca descubrimos para lo que estamos hechos, dando frutos que ya existen, creyendo que experimentas algo nuevo en tu vida, cuando realmente imitas algo viejo sobre ti. Y considéralo muy bien, cualquier imitación, por buena que sea, nunca tendrá el valor de lo auténtico. Cada uno de nosotros traemos nuestro certificado de autenticidad, solo que no hemos abierto el sobre dónde viene colocado.

Entonces, ¿en dónde encuentro ese sobre dónde viene mi certificado de autenticidad? Este sobre viene dentro de nuestro diario vivir. A veces pensamos que venimos con un paquete de talentos en donde nos sentaremos a un piano y sentiremos que nacimos para esto. Así, en cuanto toque las teclas por primera vez en la vida habrá como una energía que fluya desde mis antepasados hacia mis manos para tocar la *Quinta sinfonía* de Beethoven. Pero no es así, eso solamente ocurre en Hollywood. Es cierto que venimos con un paquete de talentos, pero hay que explotarlos para que se puedan convertir en una virtud. Para explotarlos hay que trabajarlos, manipularlos, explorarlos y colocarlos en un punto en donde entendamos que es un talento. Una de las razones por las que no buscamos nuestros talentos y solamente lo que hacemos es obtener comportamientos y patrones de imitación de otros talentos, es porque es mucho más sencillo imitar o copiar que crear. Jesús dijo esto:

> Si un vestido viejo se rompe, nadie corta un pedazo de un vestido nuevo para remendar el viejo. Si lo hace, echa a perder el vestido nuevo. Además, el remiendo nuevo se verá feo en el vestido viejo

Luc 5:36

Nuestra vida se puede convertir en un cúmulo de parches que no armonizan con lo que nosotros somos. Jesús hizo este comentario para sacarlos de las viejas prácticas y para llevarlos a conocer una nueva historia, yun nuevo estilo de vida. Esta es una forma de descubrir que realmente no somos el vestido viejo que necesita ser reparado, sino más bien, somos el vestido nuevo que necesita ser estrenado. Pero si queremos saber qué es lo que somos, qué fruto es el que podemos dar, entonces tendremos que trabajar sobre ello. Déjame te lo explico a través de este principio: «El conocimiento y la práctica hacen la aptitud, y la aptitud te califica para la promoción».

Primero el conocimiento. Este es el principio básico de todo desarrollo. Dios mismo deja un legado para los hombres, la Biblia. Esta misma hace mucho énfasis en conocer, animando y exhortando a adquirir conocimiento y sabiduría, porque todo esto nos lleva a experimentar no solo la vida, sino al autor de la vida. Por lo que conocer es, en buena medida, empatizar con El Creador. Además, el conocimiento abre puertas a la creatividad y a la resolución de problemas. El rey Salomón lo expresa de esta manera en los proverbios:

> Así de dulces te parecerán
> la sabiduría y el conocimiento;

si los encuentras, tendrás un buen fin

y tu esperanza jamás será destruida.

Pro 24:14

El conocimiento es la facultad del ser humano de relacionar, por medio de la razón, las diferentes situaciones. Será tu herramienta de avance, de confrontación y de defensa. Es el pasadizo secreto de los exitosos, por el cual leer, estudiar, preguntar, inquirir, indagar, viajar... Explota de manera diversificada cualquier fuente de conocimiento y será tu póliza de seguro para confrontar, aportar y dirigir tu vida.

La práctica. El conocimiento es el primer paso, pero requiere de la práctica para convertirse en un fruto. El conocimiento es como la energía estática, pero la práctica hace del conocimiento energía cinética. Solo que requiere de un pequeño proceso que lleva dos factores unidos, que son la disciplina y la constancia. La disciplina, como ya lo habíamos comentado, es someter tus deseos al deber. Si estuviéramos hablando de un futbolista profesional, aunque tuviera la habilidad y el conocimiento necesarios, la realidad es que estas se ven positivamente afectadas en potencia por la práctica. Pero, como todos, aunque tengamos gusto por algo siempre se ve afectado por nuestras emociones o por nuestros intereses. O más bien dicho, por nuestros deseos.

En ocasiones, este futbolista tendrá ganas de ir a correr para ganar condición física y en otras querrá quedarse en casa a descansar y ver una película comiendo comida chatarra. Pero, si somete esos deseos y hace lo que tiene que hacer, entonces estará desarrollando disciplina. Recuerda que, cuando falte la motivación, entonces entra en acción la disciplina. Aun así, la disciplina requiere que se sostenga por largos periodos hasta obtener los resultados deseados, a los que llamamos constancia.

Y si la disciplina y la constancia logran los resultados deseados, a estos resultados deseados los llamamos la aptitud, esto es, la habilidad para desarrollar una acción. Esta habilidad no existía, no se percibía de manera efectiva o trascendente, o bien es una habilidad desarrollada de una manera superior al promedio. Al salir del espectro natural te abre la oportunidad de estar calificado para una promoción, y si estamos hablando de promoción, hablamos de un cambio, de un traslado de vida a otro nivel. ¿Cuántas veces hemos deseado tener alcances más altos? El problema es que solamente lo deseamos, pero no podemos descubrir algo nuevo en nosotros porque no llegamos a la promoción, y esta no se da sin el esfuerzo, sin romper el esquema de lo común. Si quieres resaltar, necesitas hacer un poco más que los demás. Esto solamente se obtendrá a través de la distribución de tu tiempo. Las personas que lo logran no es que sean mejores o superdotadas, es que se dieron cuenta de que había algo nuevo que podía llevarlo a otro nivel conocimiento. Es que creyeron en aquello que les fue dado, fueron capaces de tomarlo y trabajar en ello. De esta manera al lograrlo será como un electro magneto, el cual tienen la capacidad de cuanta más potencia eléctrica le entregues más capacidad magnética para atraer elementos metálicos a mayor distancia. Igualmente sucede con la promoción: cuanta más potencia de conocimiento y práctica, la promoción será como una atracción de oportunidades. A mayor distancia, oportunidades que antes no conocías, ni siquiera sabías que existían y mucho menos te imaginabas poderlas alcanzar.

Ahora la promoción es el verdadero fruto de definición de lo que eres. No es tu carácter, porque eso lo puedes formar y moldear; no es la familia en que naciste, porque tus padres son solo los guardas de tu identidad; tampoco es la posición social, porque el dinero la hace vulnerable; no es la opinión pública, porque ellos no saben tu contexto... Lo que te definirá es el fruto, y recuerda, que este es tu capacidad de promoción. ¿Diferentes grados de promoción? Sí, así es. La forma diferente que hay entre las personas de manejar sus talentos, sus conocimientos y la forma de desenvolverlos da como resultado también el nivel de promoción. Recuerda esto: el *éxito* no es la suerte de tener el talento, sino la forma de saber cómo gestarlo.

«Cualquier imitación por muy buena que sea nunca tendrá el valor de lo auténtico»

Fruto...

Detectar un injerto en ti.

Descubre porque no hay un nuevo fruto en ti:

Miedo

Indisciplina

Rutina.

Haz un ejercicio entre tus casuales y cercanos. Escoge 3 de cada uno de ellos, luego pregunta con que 3 palabras te definirían. Si entre ellos coincides, estas mostrando el fruto correcto, no hay injertos. Si no, tendrás que hacer un cambio de vida capaz de dar congruencia entre lo que tienes definido de ti mismo y lo que muestras a los demás.

VII

UNA VARA SECA

1. Débilmente fuerte

Cuando mi madre me llevó a la escuela tuve ciertas dificultades para el aprendizaje y la adaptación. Mi primer año pasó sin dejar rastro, todos mis compañeros habían aprendido a leer y escribir, sumas y hasta restas, pero en mí no había ocurrido cambio. Creo que mi maestra tuvo cierta frustración con mi proceso, lo que ocasionaba castigos humillantes (para un niño de siete años) y hasta algunos golpecitos. Lejos de aprender o de lograr superar mi estado, me entró un temor por su presencia a tal grado que evitaba cualquier tipo de contacto. Aún recuerdo como temblaba el lápiz en mi mano cuando pasaba a su escritorio a revisar la tarea. Solo pensaba en la gloriosa salida al tiempo de descanso (recreo) y la hora de salida, llegar a casa y tirarme en un sillón a ver TV. Eso me entusiasmaba. *Don gato y su pandilla*, *El capitán cavernícola* y mi preferida *La Pantera Rosa y el Inspector,* nada como esos momentos en los que olvidaba lo que tenía que enfrentar cada mañana.

Un día, la maestra tal vez llegó con problemas, como todos los adultos a veces los tenemos y llegamos a laborar quizá no en las mejores condiciones emocionales. No recuerdo bien, pero creo haber notado una cierta irritación un poco más intensa que las anteriores. Me parece que algo hice, no sé si me atrapó platicando o chiflando, pero fue mucha su molestia, para lo cual descargó un poco de su frustración con una estrujada y unas palabras que marcaron mi memoria como marca un punzón de acero sobre el metal: «Aparte de tonto, latoso». Por un momento no tomó la importancia que debía, hasta dos sucesos más adelante. Unas horas más adelante me armé de valor y pedí permiso para ir al baño, lo que me fue negado obviamente. Creo que te estas imaginando lo qué pasó, no soporté más y dejé que escaparan algunos milímetros de agua procesada. Claro que los compañeros se dieron cuenta y pronto empezaron a decirle a la maestra lo que había pasado. Recuerdo que salí al recreo mojado. Creo haberle avisado a mi hermana, quien estudiaba en la misma escuela, pues pronto llegó mi mamá. Preguntando qué había pasado comenté que no me habían dejado salir al baño y pues que... Mi mami, como toda madre, se fue tras la maestra. Desde lejos yo solo veía manotazos y su dedo señalando en alto como advirtiéndola del buen trato que debía darme. Gracias a Dios por las mamás como la mía. Bueno, pero, esto paró allí.

Los días siguientes fueron un poco más intensos. La maestra preguntando en tono de burla que, si no quería ir al baño porque después podría venir mi madre a golpearla. Bajo estas condiciones sufrí como un tipo de bloqueo. Terminé el año, pero lo que tuvo que pasar pasó: reprobé. Volví a cursar el mismo año, pero no avanzaba en ningún aspecto. Mi nueva maestra sugirió a mi madre que fuera llevado a una escuela para niños especialessugiriendo que tenía un retraso. Mi madre platica que estaba preocupada y otra maestra le preguntó qué pasaba, a lo que ella le contó mi situación. «No hay problema con el niño; solo deme tres meses», le dijo a mi mamá. Pronto ella pidió lo necesario para que fuera pasado a su salón de clases al segundo grado, cosa que no debía porque yo tenía que nuevamente repetir primero. La maestra me enseñó algo muy valioso: «Tendrás que esforzarte más que los demás», y al cabo de tres meses la maestra cumplió su palabra. Yo empecé a leer, de forma pausada, sílaba por sílaba, pero lograba comprender la lectura.

Un reto más ocurrió cuando empezamos con las matemáticas, ¡qué horror! Pero al final del año estaba entre el promedio más alto de mi clase. Había descubierto una parte de mí que no sabía que tenía. Así pasé mi etapa escolar entre los primeros promedios concursando en ortografía, matemáticas, química y física. Es curioso que en un momento en que mi vida estaba destinada a un trato especial surgió en mí un nuevo yo. Así los regaños se convirtieron en adulaciones por mis maestros y directivos.

2. Fortalezas y debilidades

Ciertamente, hay muchos libros de superación personal que hablan acerca de que debemos enfocarnos en nuestras fortalezas, a tal grado de que nuestras debilidades sean escondidas u opacadas, como haciendo ver que las fortalezas son nuestra esencia pura y perfecta que tienen relación con nuestro destino y nuestro propósito. El problema está en que detrás de todo esto tomamos nuestras «debilidades» como defectos o anormalidades de nuestra personalidad, pero creo que la clasificación de fortalezas y debilidades no está bien descrita o asignada.

Las llamadas fortalezas son aquellas que descubrimos como habilidades personales que tienen mayor fuerza o que dominamos con mayor facilidad, son aquellas que se encuentran en la superficie de nuestra esencia, de nuestra personalidad. ¿Cuántos de nosotros llegamos a creer que eso llamado fortaleza es aquello para lo que estamos hechos? Cuando de pronto estamos en medio de esto ocasionamos una profunda insatisfacción por fundamentar nuestra esencia en nuestras fortalezas. La razón es que nos escondemos ante aquello que llamamos debilidades, aquellas cosas a las que renunciamos porque «no son para nosotros». Creo firmemente en la grandeza de Dios y de su obra, cada una de ellas habla de su increíble ciencia y precisión. Desde lo macro hasta lo micro, en las plantas, en los animales terrestres, en los animales marinos... sus habilidades y características están llenas de perfección. Pero ¿qué pasó entonces contigo y conmigo? ¿Hizo a una persona con características buenas y malas, un ser totalmente imperfecto sujeto a sus capacidades para florecer y a sus incapacidades para ser humillado? No lo creo. Hay una razón de precisión, una razón previamente meditada en cada esencia de nuestro ser, la cual tiene sentido en todo momento. Creo que son muy importantes las fortalezas, pero estas traerán lo superficial de lo que somos. Mas en nuestras «debilidades» encontramos aquello más profundo, aquello que requiere un mayor proceso para ser refinado y ser expuesto, aquello que lleva mucha más gloria al mostrarse «feo y sin forma» y terminar siendo estructural y hermoso.

El apóstol Pablo escribió:

> Y me ha dicho: Bástate mi gracia; porque mi poder se perfecciona en la debilidad. Por tanto, de buena gana me gloriaré más bien en mis debilidades, para que repose sobre mí el poder de Cristo.

...Bástate en mi gracia...

Pablo enfrenta una cuestión la cual ruega a Dios para que le sea quitada. Dice que le pide a Dios en tres ocasiones lo mismo, hasta que Dios le contesta, «bástate en mi gracia», es decir nuestra «debilidad» no es una forma de castigo o consecuencia. Acaso no siempre la gracia de Dios (el favor inmerecido) está siempre de nuestro lado ¿no es esa la que día a día nos sostiene, nos llena de oportunidades no solo de las merecidas sino también de millones inmerecidas?

...Porque mi poder se perfecciona en la debilidad...

Literalmente podemos decir que los puntos «débiles» de nuestra esencia no son otra cosa más que el enlace entre Dios y nosotros. No es corregir un error, es más bien completar lo vacío. Es la parte de Dios que se quiere hacer visible sobre nosotros llevándonos a descubrir cosas nuevas que hay no solo en nosotros, sino a través de conocer a Dios en nuestras vidas, en nuestro propio carácter y en nuestra propia carne. Huir de tus «debilidades» es huir de la oportunidad de experimentar a Dios de manera palpable y vivencial es completar la obra. Obsérvalo con atención, no es que nuestra debilidad sea perfeccionada por el poder de Dios, eso daría paso a que se estaría corrigiendo un error. Por el contrario, dice que el poder de Dios se perfecciona en nuestra debilidad, es decir, mientras la obra no es completada la perfección no existe. Entonces, hasta que nuestras «debilidades» no sean formadas el poder de Dios no habrá terminado su obra en nosotros. Detrás de cada debilidad hay una joya no terminada en la cual hay que trabajar. Si queremos mostrar la profundidad de lo que somos, así como nuestra belleza, tendremos que trabajar con aquello.

...de buena gana me gloriaré más bien en mis debilidades...

Ya no podemos quejarnos de nuestras «debilidades», de aquello que consideramos defectos, porque en realidad no lo son, sino que son una oportunidad puesta en cierto lugar de nuestro ser para ser expuesta. Es abrir una bóveda de descubrimientos y de experiencias *nuevas* dentro de nuestra vida. Así que cada vez que sientas que hay alguna debilidad en ti, no es momento para sentirte mal, mucho menos deprimirte; es momento de sobar nuestras manos para preparar nuestra vida para un nuevo reto. Como te platiqué al inicio de este capítulo, te hablé acerca de mi incapacidad de estudio y de concentración. Créeme que esto no es algo que sucedió y que pasó, todavía sufro para concentrarme y hay muchos aspectos en los que a diario trabajo viéndolos como una oportunidad. Déjame darte un ejemplo de una «debilidad» que tengo.

Por alguna razón, escribía con mi mano derecha con la canilla invertida, tal y como lo hacen los zurdos, y con mi mano zurda sostengo el bolígrafo como si fuera derecho. Aprendí a escribir con mi mano derecha con la canilla torcida; me daba la oportunidad de hacer una mejor letra, pero mi mano iba manchando lo que iba escribiendo, por lo que tuve que trabajar en corregir mi postura, lo cual me dio otra desventaja, que no puedo escribir de manera rápida. En la escuela, entre más avanzas de nivel mayores son el tiempo y velocidad de dictado. En lo personal, siempre terminaba quedándome en el receso para completar los apuntes que se me habían pasado. Traté de desarrollar una forma de poder retener por más tiempo el dictado en mi memoria hasta terminarlo de escribir, lo cual me ayudó, pero no solucionaba mi problema, pues en los dictados muy largos me era imposible retener tanta información. Entonces diseñé una forma de símbolos para escribir ciertas ideas repetitivas, algo así como la taquigrafía, pero de manera personalizada. Cuando llegué a la universidad tenía la habilidad de escribir de manera rápida (aunque físicamente lo hacía muy lento) y pude tomar los apuntes sin ningún problema. El único detalle es que cuando mis amigos me pedían los apuntes, solo yo entendía lo escrito. No solo me dio esa ventaja, también me ayudó a desarrollar la escritura en teclado, la cual agradezco infinitamente, porque en mi tiempo no sabíamos que casi todo lo que escribimos ahora lo hacemos a través de un teclado.

Aunque esto es un muy pero muy simple ejemplo, hay cosas las cuales enfrentamos que de verdad tienen una verdadera importancia, como las personas que son muy tranquilas o explosivas, inquietas o muy tercas, cualquier característica que en cierto momento es un problema en nuestra vida, detrás de esa debilidad está la joya preciosa que necesita ser terminada. Hay cientos de historias que certifican esto, cientos de genios retraídos, artistas extrovertidos y deportistas tenaces que lograron encontrar en su debilidad una esencia más profunda e impactante, que no se conformaron ante lo superficial de las fortalezas. Repito, las fortalezas son buenas, pero en tus «debilidades» encontrarás la experiencia de lo *nuevo*. Si conoces tus debilidades, y trabajas en ellas, entonces conocerás a Dios y su propósito sobre ti.

«Huir de tus debilidades es huir de la oportunidad de experimentar a Dios de manera palpable y vivencial»

¿Debilitado?

En la mayoría de las ocasiones escondemos nuestras debilidades como si fueran defectos de nuestro ser. Llegará un momento en que te sentirás débil e incapaz, no porque no puedas lograr objetivos, sino porque no te estás completando, persigues la felicidad sin encontrar antes la plenitud.

Medita por un momento e identifica tus debilidades.

Recuerda cada una de ellas son un enlace que te une con tu creador, lo que no conoces de ti, tampoco conocerás de Él. Si quieres conocer más de tu creador, tendrás que invertirle tiempo a tus debilidades, considera que no se trata de superarte a ti mismo, es más bien cual, es la esencia divina actuando en ti.

VIII

DEL INTERIOR AL EXTERIOR, DEL EXTERIOR A LO EXTRAORDINARIO

«¡Soy espectacularmente feliz!», exclamó. Sí. Para poder hacer esta declaración, muchos de nosotros pudiéramos imaginarnos en un yate, con una cuenta de banco suficientemente holgada o enormes inversiones con jugosos frutos de ellas... Podemos sumar estar rodeado de las personas que amamos, gozando de una salud intacta, disfrutando de una personalidad intachable, lleno de relaciones o cualquier cosa que hayas considerado como tu estándar perfecto como para decir «¡qué feliz soy!» o «¡soy totalmente feliz!». Pero ¿espectacularmente feliz? Quizá te preguntes: ¿quién o qué tiene para hacer esta declaración? La declaración fue hecha por Nick Vujicic, el cual declara en su libro *Una vida sin límites* «¡Soy espectacularmente feliz!». Aunque Nick nació sin extremidades, él habla acerca de lo intensa que es su vida. Nick es el chico que nos enseña que las circunstancias no son la vida, sino aquello que formamos en nuestro interior y que es el reflejo de lo que proyectamos en nuestro exterior.

Muchas veces en la vida nos sentimos insatisfechos e infelices. Según datos de la OMS, una de las enfermedades más preocupantes en la actualidad es el estrés.

Ahora, si lo analizamos con respecto al bienestar, el nivel de vida promedio es más alto que en años anteriores. En la actualidad, las personas necesitan esforzarse mucho menos que en décadas pasadas. La atención médica (aunque carente en muchos países) está muy por encima de los alcances y conocimientos que en el pasado. A cada año se le agregan miles de variantes en cuanto a conocimiento se refiere. Tan solo la información que hoy reciben nuestros jóvenes y niños en un día es comparable con los que antes recibíamos en un año. Si tienes alguna duda o deseas conocer algo tan solo tomas un pequeño dispositivo que cabe en la palma de tu mano, lo controlas con tus dedos y te arroja miles de datos o la información que se requiera. La tecnología y sus avances han llegado para hacernos la vida externa más sencilla, cómoda y versátil. Puedes comprar cosas por medio de tu *smartphone* y te llegan hasta tu casa desde el extremo opuesto del mundo. Puedes hacer citas y conferencias Puedes llevar un régimen de salud calculando las calorías cargando los datos de lo que comes y accediendo a una base de datos increíble sobre alimentos. Relojes que miden el pulso cardiaco y los pasos que das para de alguna manera determinar las calorías que ingieres. Automóviles más autónomos. Robots que hacen el trabajo peligroso y pesado, dejando a los operadores como simples supervisores. Y así pudiéramos enumerar tantas cosas que si a algunos de nuestros jóvenes que nacieron en la década de los 2000 al 2010 los pusiéramos tan solo 30 años atrás, no pudieran sobrevivir ante la falta de la comodidad que hay en nuestros días, y es parte de lo que somos, hacemos y vivimos.

Entonces, si vivimos más cómodos que antes, ¿qué hace que las personas desaten enfermedades como ansiedad y depresión? ¿Por qué estamos más insatisfechos? ¿Por qué tenemos altos volúmenes de suicidio juvenil?

La respuesta a cada una de estas preguntas pudiéramos contestarlas si consideramos los cambios que la humanidad está haciendo. Piénsalo, están por encima de nuestra capacidad de adaptación, porque están por encima de nuestros cambios interiores. Preparamos todo para recibir nuestras tecnologías de comunicación, pero sin valorar el impacto social y psicológico que causa sobre la sociedad. El desbalance hace no solo que haya una inclinación hacia la insatisfacción, sino hasta el punto de llevarlo a la fractura, como es el caso de la depresión o, peor aún, del suicidio. Por ejemplo: hoy conocemos frases maravillosas que se suben cada día a nuestras redes sociales, pero no conocemos la dinámica que nos lleve a vivir este tipo de frases. Aun cuando cada una de estas frases se dieron bajo el contexto de un esfuerzo enorme y un respaldo de vida. ¿Qué tenemos como resultado?

Como solo conocemos el concepto (o el mensaje que cierta frase o pensamiento pueden dar), pero las redes sociales son incapaces de mostrarnos un estilo de vida basado en el esfuerzo y no en la creencia de una frase y en la fuerza que esta tenga, son contenidos que no tienen contexto, que no dan el paso a pas. para llegar al resultado final que es el pensamiento que se está mostrando, y lejos de motivar provoca en muchos sentidos frustración. Son cientos, o miles tal vez, que hablan de motivación y alcance, pero difícilmente vemos gente que respalde a otra, personas que entreguen el tiempo necesario para enseñar y llevar el estándar de vida al que está viviendo, personas a los que muchos llamamos *mentores*. Encontramos motivadores, pero difícilmente mentores. Es que hablar es sencillo, y aunque estos mensajes puedan tener una dinámica bella y cautivadora, solo causan un impacto muy superficial; impresionando solo a las emociones, siendo estas incapaces de ser un campo de acción en nuestros estilos de vivir. Me causa una extraña curiosidad y sentimiento ver en *YouTube* a gente hablando acerca del bienestar económico, con consejos acerca del tema y hasta con cierta burla a personas, que según su parecer, son ignorantes e incapaces. Pero que si buscas, su respaldo de vida es tan pobre e incapaz como a las personas a las que tienen como objeto de su burla. Hablar es sencillo, pero tener un mentor es tan diferente; para ser mentor de una o varias personas se requiere mucha más energía de lo que se gasta al hablar.

Cada uno de nosotros, como padres, hacemos la función de mentores de nuestros hijos. Miles de consejos salen día a día de nuestra boca. Muchos de ellos se olvidarán cuando nos den la espalda rumbo a su cuarto o darán fruto hasta que ellos tengan vivan o requieran el consejo que estamos dando. Hasta entonces, los muchachos no entenderán de lo que estábamos hablando en su momento. Pero, pero, pero, hay partes en las que realmente estaremos cambiando sus vidas, cuando les hablemos de algo que verdaderamente hacemos. Esto es, como una enseñanza detrás de la acción, como huellas siguiendo huellas o lineamientos marcados detrás de un vivir, y creo que esto no es fácil. Muchos de los padres modernos pretendemos ser mentores de nuestros hijos pagando una escuela de alto nivel o mandándolos a viajar por el mundo. Créeme que esto es buenísimo, no lo estoy demeritando, pero si hay algo que está claro es que con esto no se sustituye al mentor, porque el mentor establece un estándar de vida, para dar paso al nuevo propósito de aquel que se está guiando. Y no solo los padres pueden ser mentores. COualquiera que adquiera o tenga una habilidad o un alcance, por muy pequeño que sea puede serlo. Por ello, más que balbucear nuestras capacidades, podemos encontrar una experiencia nueva y satisfactoria en ser el mentor de alguie. No debemos dejar pasar la oportunidad, aunque quizá nuestros alcances sean solo el detonante de un cambio radical dentro de nuestra familia o sociedad.

La historia está dividida en un antes y después de Cristo. Jesús es el hombre que dio final a un tiempo y paso a uno nuevo. Él se convirtió en el punto de referencia de la historia de la humanidad, sin mencionar otros aspectos mucho más importantes. Dicen que los mensajes de Jesús eran asombrosos, literalmente multitudes acudían a escuchar sus mensajes llenos de retos y esperanza, llenos de autoridad y convencimiento. ¿Pero acaso son sus mensajes la base de su impacto? En realidad, son la parte motriz de lo que habría de venir. Pero la parte importante (la que dio el impacto que hoy conocemos y que vamos a conocer), esta basada en que él escogió a 12 personas para ser mentor de sus vidas. Alrededor de 3 años enseñando paso a paso a sus discípulos, cada palabra, cada platica, cada acción y milagro que presenciaron estaba martillando su vida, tal como golpea un martillo sobre el hierro de una espada para darle un cambio de estructura molecular. Para darle suficiente firmeza, para afilarlo lo suficiente, pero tampoco demasiada dureza, para evitar que en el primer impacto se fracture. Asimismo, que sea capaz de ser rígido, para soportar lo suficiente, y flexible, para evitar la ruptura por fatiga.

Justamente eso es ser mentor. Mira la vida de los discípulos después de que Jesús se haya ido de su lado. Ellos no fueron lo que fue Jesús, pero formaron el carácter suficiente como para transcender a través de los tiempos. Lo que vieron en Jesús no fueron solo palabras, sino un mensaje sustentado por un estilo de vida de disciplina, poder y autoridad.

Nuestra sociedad necesita, no, el impacto a través de redes sociales, que son una herramienta útil y entretenida, pero no debe de ser la base de la educación, porque no podemos descubrir vida detrás de la información, sino a través de la experiencia. De pronto tenemos bombardeos de cierta personalidad sobre las redes. Las masas se van detrás de esa experiencia, mutilando la capacidad para vivir experiencias propias y quitando, así, la oportunidad de tener un mentor. De este modo, por necesidad escogemos un mentor virtual, que quizás nunca conoceremos, estrechamos su mano y tenemos un lazo de actividad. Un hombre que nos inspire, no que nos emocione, porque hay una diferencia abismal entre ambos. Quizás podemos confundirlos en su momento, pero la emoción te crea un impacto momentáneo, sin embargo, la inspiración genera un efeccto incomodo, uno que te muestra el punto donde estas y a donde tienes que llegar. La inspiración a través de un mentor te empujará a ser más de lo que eres, tienes ojos que te vigilen, que te molesten, que te llamen la atención... Todo esto no lo tendrás con un mentor virtual, quizás, por eso, los preferimos, porque a nadie nos gusta que nos estén empujando, que no nos permitan abandonar la carrera a mitad del recorrido. Sin embargo, el resultado es inevitable, nuestra sociedad lo está viviendo, una generación que lo tiene todo y que está satisfecha con todo. Escoge hoy tu mentor, déjate incomodar por él, aprende de sus grandezas y acepta sus debilidades. Te mostrará lo humano que es, aceptando de ti mismo que tú también lo eres. Esto te dará humildad en el momento de ser grande y, lo más importante, te dará la capacidad para lograr uno de los más grandes privilegios del ser humano el cual es, en su momento, ser el mentor de alguien más.

1. No todo lo que brilla es oro

Hemos estado hablando de experimentar lo nuevo, pero detrás de esto se abre un mundo de posibilidades de poder descubrir. En medio de todo esto hay cosas que tenemos que experimentar y que nos dan facultades o generan cambios importantes en nuestra vida, agregando esquemas, grandeza y conocimiento. Pero también hay cosas por descubrir a las cuales tendremos que decir que no. Entre un mundo de experiencias existen las que son benéficas y aquellas que son destructivas, y hay puntos por los cuales las podemos identificar. El ser humano por esencia es autodestructivo, casi todo lo que tenemos lo vamos destruyendo. Observa cómo vamos acabando con el medio ambiente. Tenemos el poder y la capacidad de cambiar el destino del planeta (aún), pero a pesar de esto, no nos importa. Hay intereses egoístas y económicos de por medio que no nos dejan ver más allá del momento en el que estamos viviendo.

El punto es que las personas cuidamos en secreto nuestro bienestar y es más difícil compartirlo si no nos beneficia. Pero cuando algo malo sucede en nuestra vida, comúnmente tratamos de no hundirnos solos. Déjame tomo el ejemplo de las drogas y las adicciones. Créeme que el éxito del comercio de las drogas no está en sus efectos, sino en el corazón de aquellos que las consumen, aquellos que invitan a otros limpios a ingresar en este mundo. Aquellos ya se encuentran esclavizados y saben lo difícil que es salir de allí.Ssin embargo, te lo presentan como una oportunidad y una experiencia a vivir. He platicado con muchos que solo lo han probado para experimentar lo que es sentir una droga y la verdad no estoy de acuerdo con su argumento de «quería saber lo que se siente». Más bien, el deseo de la experiencia está impulsado por el esquema placebo que se nos ha presentado. Porque, si de verdad quisieras experimentar por saber «qué se siente», podrías probar cosas que nunca has sentido, como una mordedura de serpiente. ¿No quisieras saber «qué se siente»? ¿Acaso no quieres experimentar algo nuevo? Estoy seguro de que me argumentarías: «No, eso no, eso es muy diferente» ¿Por qué?, sencillamente porque eso «me hace daño» o «me va a matar», «¿qué no sabes que es un veneno». Bueno, pues es lo mismo, lo que estas ingiriendo es un veneno. La diferencia radica en el corto y largo plazo: los efectos de la serpiente son inmediatos; los de la droga son a largo plazo, pero mucho más poderosos y esclavizantes. Asimismo, soncapaces de pasar sus efectos secundarios a aquellos que te aman, destruyéndote no solo a ti, sino todo lo que está a tu alrededor.

El argumento que usamos de ejemplo lo doy solo para plantear que e las cosas que experimentemos debemos seleccionarlas de manera minuciosa. No todo lo que brilla es oro. Tal vez quisieras saber qué se siente al saltar de un avión sin paracaídas, pero esa sería no solo una experiencia única, sino última. Sí, así es, sería la última experiencia que tendrías. Hay cientos de cosas que podemos descubrir, ¿por qué escoger aquellas que nos autodestruyen? Cuando escojas algo para experimentar es importante que te cuestiones lo que la experiencia te va a dejar a corto, mediano y largo plazo. Mi consejo es que lo que hagas no solo te beneficie a ti. La mayoría de las experiencias destructivas están centradas en el individuo, pero el impacto colateral alcanza también a su entorno. Sin embargo, las benéficas se centran en el individuo con la motivación extra de beneficiar a otros. No tengas experiencias últimas. Ten experiencias únicas que hagan que también sean únicas para el otro.

Mi estimado lector, vivimos en tiempos únicos. Los padres de nuestros padres y nosotros no sufrimos muchos cambios en nuestros entornos, pero nuestros hijos y los hijos de ellos crecerán en contextos muy diferentes. Vivimos en tiempos en que las generaciones han perdido el enlace. Nosotros vivimos a un ritmo en que la vida social crecía también al ritmo en que nuestras almas crecían, pero nuestros jóvenes crecen a un ritmo en que sus almas no están listas para crecer al compás del entorno social. Fácilmente nuestras generaciones pierden identidad. Están abrumados por el nuevo exterior y no alcanzan a descubrir nada de su nuevo interior. Las circunstancias los ahogan fácilmente. Nuestro reto de generaciones es volver hacer ese enlace y que sus almas crezcan más rápido que el estilo de vida que tenemos. Es decir, que no sean deslumbrados por las novedades externas, sino que sean impresionados por las novedades de sus vidas.

Nick es el joven que nació sin extremidades y habla de ser espectacularmente feliz. Hoy, si se cae el Internet o se le acaba la pila al dispositivo tenemos a jóvenes que sienten que se les va la vida porque las relaciones sociales están sujetas a un esquema tecnológico. Y no está mal eso, solo que hay cosas más grandes que se pueden alcanzar, satisfacciones superiores a las que hay detrás de un «me gusta» o de un «me enoja». Esas otras satisfacciones son las que hacen crecer al alma, aquellas que hay detrás de un artista, de un deportista, de un cómico, de un teólogo, de un filósofo, de un inventor, de un biólogo... Todos estos no solo de nombre, sino con una pasión dotada de su gusto por hacerlo. Las cosas que están en nuestro interior tienen que crecer al exterior; si invertimos la ecuación puede ser autodestructiva. Nick se centró en lo que tenía y en lo que estaba en él y hoy es un ejemplo, un hombre de inspiración y de impacto. ¿Por qué? Porque el empezó desde su interior. Empezó a descubrir cosas nuevas y enormes que había dentro de su vida; eso lo llevo a su exterior y de allí a lo extraordinario.

Los ahogantes estilos de vida no superan lo que somos, o, más bien, no deberían. Pero, lo primero que debemos hacer es lograr establecer el enlace con nuestras generaciones. Funcionando como mentores de su vida, dándoles y estableciéndoles valores en sus existencias y en sus corazones. De tal manera que sean capaces de ayudar al prójimo, ya que muchas veces es necesario sacrificar el bien personal por el de otro a fin de crear una dinámica de ayuda y compasión. No enseñemos lástima, hablemos de compasión; porque la lástima solo duele, pero no hace nada;, pero la compasión se duele, se sacrifica y hace algo al respecto. Enseñemos a ser grandes no en los aplausos. No es el nivel de adulación la que marca el éxito, sino en la satisfacción personal, en la intrínseca. Aquella que no se ve, pero que en la que estás satisfecho con lo que has descubierto en ti mismo y beneficias a los de su entorno.

La calidad humana debe crecer más rápido que el ritmo del desarrollo tecnológico, de otra forma tendremos deformaciones en la sociedad. O más bien dicho, estamos teniendo deformaciones en nuestra sociedad causadas por el poco crecimiento del alma y del espíritu en nuestras vidas. El amor se ha limitado a una serie de conveniencias. La amistad está sujeta a un atado de intereses. El cuidado de los hijos está determinado por lo que les podamos dar. Los gobiernos están embriagados de poder. Pero, si el bien en nuestro interior no crece, jamás podremos cambiar todo esto. Ama sin límites y sin conveniencias; estate dispuesto a sufrir, a dar y a volver a dar. Haz amigos sin intereses, solo por el hecho de compartir, solo por el gozo de disfrutar de la esencia del otro. No solo proveas a tus hijos, sé el mejor mentor; enseña con tu ejemplo. Aunque, muchas veces, el ejemplo implique sacrificar un poco de lo que tus deseos tengan por encima de los intereses o de los esfuerzos que estos lleven. Mira que todo esto nazca desde el interior, afectando al exterior, y como resultado tendremos algo extraordinario. ¿Y porque extraordinario? Porque estaremos sacando nuestro entorno de lo ordinario, de lo común. No son las circunstancias las que nos gobiernan.Llas circunstancias simplemente son como las olas del mar y nuestros talentos y dones a descubrir son la tabla de surf que utilizamos como herramienta para disfrutar el estado de las circunstancias. Así, entre más grande sea la ola, más grande la velocidad y la diversión. Es hermosa la vida.

«No enseñemos lástima, hablemos de compasión; porque la lástima solo duele, pero no hace nada; sin embargo, la compasión se duele, se sacrifica y hace algo al respecto.»

Recibe de otros para dar a otros...

Escoge un mentor, alguien que te inspire, que incomode tu estilo de vida y que procree la disciplina en tu vida de manera obligada.

Considera que siempre alguien te observa y el día menos pensado serás el escalón, la base de lanzamiento para alguien más. Vale la pena ir descubriendo más de ti, porque, gracias a esto, alguien vivirá más pleno, , entonces estarás trascendiendo.

¿Cómo te desempeñas? ¿Mentor o motivador?

IX

EXPERIMENTA LO NUEVO

Nuevo, es algo que podemos definir como aquello que no existía y fue hecho, aquello que no tiene un uso antes o que tiene un uso diferente del anterior, o aquello que existe, pero desconocía su utilidad. Así un descubrimiento es algo asombroso que puede darle un giro intenso a la historia . En 1928, el bacteriólogo *sir* Alexander Fleming descubre la penicilina en un tiempo en el que pequeñas infecciones mataban a miles. Este descubrimiento hizo que muchos pudieran sobrevivir. Quizás alguno de nuestros antepasados que recibió alguna dosis de penicilina y esa fue la acción que te dio la posibilidad de que hoy puedas de estar leyendo estos reglones. El promedio de vida se elevó de súbito debido a que alguien descubrió la utilidad de algo que ya existía. Es sorprendente, y a la vez lamentable, que muchos murieran antes de la penicilina, porque ya existía, pero no se conocía su uso.

1. Tu mayor enemigo

Una de las cosas más trascendentes en nuestra vida es poder llegar a descubrir aquello existente que opera como inexistente. Pequeños y grandes descubrimientos en nosotros mueren también el día que tenemos que partir. O, peor aún, muchos aprenden a darles sepultura antes de que estos surjan. Algunos, ni siquiera llegan a descubrirlos, pero otros, con mayor indolencia o imprudencia, se dan cuenta que están allí y nunca se dan la oportunidad para hacerlos funcionar. Los dejan como una maleta de respaldo para el viaje que estamos haciendo, o bien los sepultan bajo los escombros de dichos poderosos como: «yo no nací para eso», «hay muchos que lo pueden hacer mejor que yo», «no tengo el tiempo»... Muchos argumentos pueden ser válidos, pero otros pueden ser hasta penosos.

Vivimos luchando con muchas cosas: con relaciones rotas, con esfuerzos, o cualquier cosa a la que nos enfrentemos y que nos hace la vida un poco más difícil; o, más bien dicho, interesante. Algunos de ellos podríamos llamarlos obstáculos, pero otros pueden ser tan grandes e insistentes y, entonces, los llamamos enemigos. Pero, créem ninguna cosa en la vida es tu mayor enemigo tanto como lo es el tiempo. Vivimos en la esfera de su fragilidad. El tiempo es un voraz enemigo, cruel y despiadado. Ante él, no hay posibilidad de perdón ni de una nueva oportunidad. Cuidado con sus maléficos socios, que son la pereza, el desenfoque y la falta de planificación. Hacen que aquel avance a pasos gigantes y a velocidades inimaginables. Estas tienen la capacidad de hacer invisible la percepción del tiempo, lo ocultan bajo el telón oscuro del ocio, haciendo que aquel gane ventaja.

Durante la vida, nos encontraremos con múltiples situaciones, pero hay algo que frecuentemente nos encontraremos, estas son las llamadas oportunidades. Pequeños lapsos de tiempo en los cuales hay que tomar la decisión de vivirlas o simplemente dejarlas pasar, para solamente quedarse en el baúl de los recuerdos. Aquí es donde se guardan todas las vivencias, o bien, todas las oportunidades sin poder suceder. Esto ocurre, pues el lapso que le daba poder se ha ido quedando solo en vestigio de que, un día, las tuviste en tus manos y, simplemente, en ese momento, decidiste no cerrar las manos para dejarlas pasar bajo la intensa corriente del tiempo. Pero, es cierto, que no todas las oportunidades las podremos aprovechar, por lo que tenemos que ser selectivos conn ellas. Para esto, es conveniente poderlas clasificar.

2. Oportunidades reemplazables

Las oportunidades reemplazables son aquellas que de pronto aparecen, pero que tienen la peculiaridad de poderlas reemplazar por otra ocasión u otro momento. El tiempo tiene poco poder sobre ellas, aparecen nuevamente una y otra vez. A veces, tenemos la oportunidad de un buen negocio, pero este puede ser remplazado por otro.. En otras ocasiones, tenemos la oportunidad de una oferta, pero muy probable será remplazada por otra.. Sin embargo, permíteme hacer una advertencia. Algunas de ellas serán tan apetecibles y tan deseables que se disfrazarán como únicas, y como tal se ofertarán de maneras sobrevaloradas., Así, por su manera de proponerse, se disfrazan como si fueran más valiosas que la propia vida del individuo. Tienen la capacidad de dar la sensación de estar aprovechando tu tiempo, cuando, en realidad, lo único que hacen es estar robándolo. Pero, una vez que ya han acabado contigo, entonces, y solo entonces, nos daremos cuenta del verdadero valor que hay entre la oportunidad adquirida y el valor de nuestra propia vida.

3. Oportunidades irremplazables

Pero, dentro de las oportunidades, existen aquellas que podemos clasificar como irremplazables. Una sola vez, no habrá una segunda oportunidad. No tienen la capacidad de ser reemplazadas con nada. Es cierto, puedo decirte que muchas de ellas las podemos disfrazar como reemplazables. Pero es imposible reemplazar cargar a tu hijo en brazos, para luego sustituirlo por cargar a uno de tus nietos. verlo aprender a caminar, oírlo decir sus primeras palabras, ver su primer partido deportivo, un abrazo, un te amo... Uno no reemplaza al otro, porque habrá tiempo en que ya no lo tendrás. Así como el tiempo de la niñez que ya no vuelve. Aunque si nos comportásemos como niños, nos veríamos ridículos porque ese comportamiento esta fuera de tiempo. Vivir cada etapa en su tiempo es una oportunidad irremplazable. Vivir la juventud y comer calorías en porciones exorbitantes ya que el cuerpo responde con su increíble capacidad metabólica. Qué preciosa oportunidad. O bien la edad madura, en donde aún queda bastante energía y hay cierta cantidad de experiencia; considerada esta como la edad productiva. Pero no siempre se tiene esta energía. Aunque adquieras más experiencia y sabiduría, la energía de esta etapa se irá agotando; esta también es una oportunidad irremplazable.

Podemos ver que las cosas más importantes, las que tienen más valor, son aquellas que son irremplazables. Pero, el problema es que las consideramos como gratis. Esto hace que les demos mucho menos valor que lo demás, y todo lo que tiene menor valor es aquello a lo que sometemos a las rutinas de vida, porque creemos que no solo son gratis, creemos que siempre las tendremos como fuentes inagotables. Acaso si compras un vestido, un traje o unos zapatos con un valor muy pero muy alto, ¿los sometemos a un uso diario? Claro que no. Pero sometemos al uso diario aquello que tiene menos valor, porque es tan barato que fácilmente lo podemos reemplazar por otro. O bien, si acabamos de comprar algo, ponemos más cuidado durante los primeros días, pero luego lo podemos agregar a nuestra lista de lo cotidiano. Recuerda que las oportunidades irremplazables ni son gratis, ni tampoco son para siempre. Mucho menos que eso, y por si no nos habíamos dado cuenta, tienen fecha de caducidad. Puede ser que seas consciente de la manera superficial en que estas cosas tienen valor, pero en el día a día esto no es así. Notemos cómo sometemos la salud a malos hábitos, mala alimentación, al mal dormir, etc. Quedo aún más impresionado con que existan médicos que atienden a pacientes con enfisema pulmonar y que ellos también tengan el hábito de fumar, conociendo el funcionamiento del cuerpo y sus consecuencias. Pero, no solo descuidamos la salud, sino el trato con nuestros más allegados. Pueden pasar los días y de pronto aquel niño se ha convertido en un joven, un esposo o un padre, y cuando ya ambos son adultos, no hay forma de platicar. No hay un enlace que haga una plática amena de interés para ambos, no existe nada en común y no hay recuerdos importantes que apoyen esa situación. Las oportunidades irremplazables, aquellas que se tienen que sembrar en su tiempo se ha ido, y nos recuerdan que el tiempo no sabe perdonar.

Creo que es suficiente con esto para mostrarte lo valioso que es lo irremplazable. Mi consejo es que, aquello que vemos como cotidiano lo cambiemos al término de nuevo. Por favor, continúa leyendo para explicarlo de manera más amplia.

4. Vivencias

La vida actual es tan metódica que, en muchas ocasiones, se puede poner en el mismo plano una vivencia que a una rutina. El ruido del diario vivir puede opacar experiencias que son nuevas día a día. Llega un punto cuando perdemos esa sensibilidad, y con ella, esa capacidad de distinguir entre lo que es rutina y lo que se está viviendo por primera vez. Una característica de la rutina es disfrazar lo nuevo como cotidiano, pero no se percibe hasta que los parámetros son ampliados o son comparados. El movimiento del sol es casi imperceptible. Solamente, a través de lapsos grandes nos damos cuenta de su movimiento. O bien, también es muy fácil distinguir su movimiento en la puesta del sol, cuando el día está por terminar y podemos compararlo con el horizonte. Justamente eso pasa dentro de nuestra vida.

No nos damos cuenta de que hay experiencias nuevas que están ocurriendo en nuestras narices, pero, de pronto, vemos que aquella «rutina» era simplemente una etapa nueva que iba en evolución. Curiosamente, podemos observar que hubo movimiento cuando nuestra vida se pone sobre el horizonte, cuando estamos por vivir nuestros últimos años. Entonces, tenemos la percepción de que la vida avanza con tanta velocidad que adquirimos la verdadera percepción de que un día no abriremos los ojos, y lo peor de todo es que muchas veces pasamos nuestra vida con los ojos cerrados, ajenos a todo lo que hay a nuestro alrededor.

Hay un punto en el que las vivencias pasarán a ser recuerdos. Los recuerdos tienden a morir o a tergiversarse, pero mientras se estén experimentando no se llaman recuerdos, sino vivencias continuas. Esto son ejercicios de vida que aparentemente se repiten y se disfrutan una y otra vez, como el comer o el dormir, pero se disfrutan cada vez como si fueran nuevas.Vivencias que no tienen fecha de caducidad. ¿Tienes a tus hijos cerca?, ¿te acabas de casar?, ¿estas cursando la escuela?, ¿te has convertido en abuelo? Créeme que esa etapa pasará y pronto estarás en otra. Permíteme aclararte que dentro de la rutina la mayor parte de las cosas que vives no son rutina, son vivencias, cada una con su toque de nuevo. No hay ningún copo de nieve igual a otro; tampoco hay un solo día igual al otro, cada día es totalmente nuevo. Todos los días estrenamos vida. Piénsalo de esta forma, ¿te has cansado de comer? De alguna forma esta experiencia del comer la disfruta uno día a día, así como otras, como el dormiry el descansar, todas ellas tienen un toque de nuevo. Sí, mi amigo, sí, mi amiga, es cierto que la vida es metódica y rutinaria, pero es solo un fragmento. La rutina es tan solo un estilo de vida que nos roba la oportunidad, la belleza y lo nuevo que hay en cada latido de nuestro corazón. Pero, no debemos permitirlo, porque cuando nos demos cuenta es cuando nuestra vida esté terminando y aquello que pudimos experimentarlo y que pudimos vivir se habrá convertido en un recuerdo. Y no tengo nada contra los recuerdos; también forman una parte fundamental de nuestra vida. Pero, un recuerdo nos advierte que ha pasado la vivencia. Es allí donde formamos anclas en nuestro pasado y frustramos el nuevo vivir por delante sin poder disfrutar del pasado, sin experimentar el presente y sin deseos del futuro. Un consejo es que podamos eliminar a nuestro letal enemigo, la motivación. Este es el «hubiera», una palabra que existe para nombrar a lo que no puede existir. La próxima vez que quieras decir «hubiera» piénsalo dos veces, porque tan solo al mencionarlo muestra un estado que no existe, resalta una oportunidad perdida, frustra tu presente al intentar incrustar el pasado inexistente y atrapa la creatividad, las emociones y la energía en el pasado.

Cambia esa palabra por «hagamos lo siguiente»o «intentemos esto otro». No pasa nada, solo necesitamos seguir adelante. Creemos otra estrategia, pero, por favor, no la menciones ni ante la acción de otra persona (porque es una forma elegante de decirle «tonto» o «te equivocaste») y mucho menos, ante tus acciones.

Cambia tu percepción de la rutina. Hoy, cuando te levantes, solo dilo: «voy a iniciar un día totalmente nuevo» aprovechando las oportunidades irreemplazables y siendo muy selectivo con las reemplazables. Dejar de vivir por vivir, aprendiendo a optimizar. Después de todo, el dueño de tu vida eres tú; el Creador te la entregó a tu consideración.

5. La esencia divina

10 ¡Tendrán tal abundancia de cosechas que será necesario deshacerse del grano viejo para que haya lugar para la nueva cosecha!

[Levítico 26:10 (NTV)]

Cuando por primera vez leí la anterior frase conquistó mi corazón. Si quieres involucrar a Dios en tu vida te verás forzado a esto, a deshacerte del grano viejo para que haya lugar para la nueva cosecha. Ahora, la clave es cosechar. Para cosechar tienes que sembrar, nutrir, cuidar y obtener el fruto de esto, y creo que durante toda nuestra vida lo hemos hecho. Pero, la diferencia entre tener de tu lado a Dios a tenerlo sobre tu vida lo hace una palabra: *abundancia*. Es cierto, cuando hay abundancia, esta nos hace de alguna manera o de otra reemplazar el grano viejo. Cuando hay espacio para lo bueno, entonces dejamos de abrazar aquello que nos hace sobrevivir. En otras palabras, dejamos de ser un sobreviviente para vivir vidas plenas, llenas de sustento de manera que nunca tengas escasez y dejes de abrazar lo viejo.

Es verdad que el grano viejo hace que te puedas alimentar; de alguna manera es una seguridad, pero nunca se compara con los nutrientes y el sabor de lo nuevo. Quiero dejar las alegorías para hablarte de manera práctica. No importa tu nivel de vida, si tienes capacidad económica o no, si tienes cierto nivel de preparación, cultural o profesional, cualquiera puede abrazar el grano viejo. Los logros, presentes y los pasados; pueden llenar grandes graneros , pero si hay algo que te hará disfrutar la vida es lo nuevo, y para esto necesitas la abundancia por la que solo Dios pueda darle sentido a lo que ya cosechas. No seamos acumuladores de grano viejo; aprendamos a desplazar la vida con lo que tienes. Disfruta lo que día a día tienes; atrévete a encarar cosas nuevas, las que requieren esfuerzo. Disfruta de lo nuevo que está presente sin tu esfuerzo, como la salida del sol, el canto de los pájaros; disfruta de los cambios de rutina...

Una característica de la avaricia es la capacidad de acumular. Conocí a una persona que literalmente era fuerte económicamente, sus inversiones llevaban algunos ceros, su capacidad para hacer negocios era formidable, invertía de manera impresionante y siempre tenía un respaldo detrás de ese respaldo. Pero un día, me di cuenta de una gran debilidad: llegó a casa pidiendo un abrelatas para poder comerse un atún. Tal vez estés pensando que sea una historia inventada, pero el hombre de las grandes inversiones que había crecido económicamente, no permitía a su cuerpo el derecho del disfrute. En tiempos de inicio, me imagino que el ahorro le dio la capacidad de hacer negocios, pero ese tiempo ya había pasado. Había que eliminar de sus graneros los viejos sacrificios para dar paso a los privilegios, al grano nuevo. Los privilegios que muchas veces se logran con el esfuerzo no son premios a manera de «me lo merezco», para nada. Si estás pensando de esta manera, escúchame, que cuando vengan tiempos de esfuerzo sin recompensa te desalentarás rápidamente. Pero, si los privilegios los tomas como una inversión de otro nivel entonces sabrás que estás en otra dinámica de vida, trabajando con granos nuevos, más fuertes, más potenciales...

Mira, mi estimado lector, solo tenemos una vida, una cantidad fija de graneros y una específica capacidad de almacenamiento de grano. Allí almacenaremos todo lo que tengamos, pero para poder tener grano nuevo tendremos que vaciarlo. No hay forma de hacer más graneros. Los graneros representan la vida a través del tiempo. Jesús mismo dijo: «¿Y quién de vosotros podrá afanarse con añadir a su estatura un codo?». No hay forma, no hay posibilidad, tenemos un límite. Pero hay algo que es ilimitado; esto es, poder vaciar los granos viejos y llenarlos con el grano nuevo. Todo a través del tiempo va perdiendo su potencialidad. Algunos tienen fecha de caducidad. El éxito de hoy no te garantiza el bienestar del mañana. El éxito no es lo que hacemos. Lo maravilloso de una persona es aquel que es capaz de soltar sus grandes logros, desecharlos como parte de un tiempo y luego traer nuevos aspectos a nuestra vida. Aquellos que entienden que lo que hacemos es, simplemente, como una liana que nos permite balancearnos en cierta posición, para brincar luego a la otra liana. Un privilegio adquirido será, solamente, el nuevo esquema para tus nuevas responsabilidades.

Esté en tu esencia buscar lo nuevo, encontrarlo y disfrutarlo. Invita a Dios en tu vida; hazlo señor de ella y te aseguro que te verás forzado a sacar los granos viejos de tus graneros.

6. Dios hace todo nuevo y nos hizo semejantes a Él

(5) Y el que estaba sentado en el trono dijo: He aquí, yo hago nuevas todas las cosas. Y me dijo: Escribe; porque estas palabras son fieles y verdaderas.

Apocalipsis 21:5

El anterior, como muchos de los pasajes bíblicos, hace resaltar la esencia divina. Si quieres algo de Dios tendrás que enfrentarte con lo nuevo, o, lo que es lo mismo, si quieres algo nuevo tendrás que enfrentarte con Dios. Él no tiene que ver nada con liturgias religiosas o con mandamientos que nos conducen a comportamientos como si fuéramos hechos en producción en serie.

Tal vez, la religión sea la culpable de poner a Dios en este concepto, y si hay algo más rutinario que la rutina es la liturgia. Son los métodos obligados como plan de vida y no como ayuda para vivir. Por eso, es importante que saques a Dios dentro de ese concepto y lo pongas en el concepto real, porque tu perspectiva acerca de Dios no lo define a Él, pero sí define cómo obra Él en ti. Si alguien sabe de lo nuevo es el Él. Estableciendo primero que es Él el que está sentado en el trono; aquel que reina sobre todas las cosas, es el rey de las cosas nuevas, y todavía remarca: «porque estas palabras son fieles y verdaderas», como dando una garantía por escrito.

¿Te has preguntado de dónde viene nuestra búsqueda de lo nuevo? ¿Te has preguntado por qué estrenar es tan emocionante? ¿Te has preguntado por qué vivir una nueva experiencia es tan trascendental? Porque en ese momento estás viviendo la esencia que Él ha puesto sobre tu vida. La próxima vez que experimentes algo nuevo es porque estás viviendo la vida de Dios y en Dios.

«Si quieres algo de Dios tendrás que enfrentarte con lo nuevo, o si quieres algo nuevo tendrás que enfrentarte con Dios.»

www.gilygio.com

NOTAS:

Este libro ha sido realizado con la fuente de letra denominada Ibarra Real. Se trata de una bella tipografía histórica española que tiene su origen en la Imprenta Real de España, en tiempos de Carlos III (1759-1788), y que hoy, dos siglos y medio después, ha sido adaptada con el objeto de poder ser utilizada en nuevos soportes y con las actuales tecnologías.

De esta manera Última Línea desea apoyar y contribuir a difundir el extraordinario patrimonio cultural y tipográfico español.